1966
同安金慶會館
符氏宗祠
CLAN ANCESTRAL TEMPLE

監修者——佐藤次高／木村靖二／岸本美緒

[カバー表写真]
ミナンカバウのパガルユン王家の宮廷(復元)
(インドネシア、スマトラ島)

[カバー裏写真]
シャム人の作成した18世紀の地図
(上が南にあたり、中央がマレー半島)

[扉写真]
マラッカ海峡とマラッカ市街

世界史リブレット 72

東南アジアの建国神話

Hirosue Masashi
弘末雅士

目次

自然・国家・人類

二十一世紀の今日、人や資本や情報が国家をこえて地球的規模で駆けめぐる。国際的な取り決めや普遍的理念が重視される一方で、人びとは文化的差異や地域的個性を従来にもまして主張するにいたっている。

この世界の一元化と多様化という現象は、近現代にかぎらない。多様な社会を形成してきた人間は、相互に交流するために古くから共通の原理を必要とした。他方、共通原理による世界の一元化は、その受容程度にもとづきヒエラルキーを生むことにもなりかねない。そのため、共通原理の受容にさいして、それぞれの社会は独自の存在理由が必要となる。普遍化と個別化とはこのように緊密に連関し、両者をしかるべく関係づけることは、その社会の存在そのものを左右する重大事となる。神話▲が求められるのは、この局面である。

人類と神話との付き合いは長い。自然からの自立を意味する人類誕生や農耕の始まり、さらには社会の成立と関係する文化の創造や国家の樹立などの重要な局面に、神話は不可欠である。神話は、かならずしも歴史的事実から構成されているわけではないが、人びとの営みの「真実」を反映する。なかでも国家の建設は、一方で建国者が当該社会の人びとを引きつけつつ、他方で周辺世界の認知を必要とする。二重の意味で神話が必要となり、それが一つに統合された建国神話は、神話のなかでもとりわけ含蓄深い材料を提供してくれる。

ヒトは、自然の一部を構成しながら、言語を使うことで「人」となり、自然と人類とを区分した。そして人びとが集い共同生活をいとなむなかで、国造りを始めた。建国神話は、こうした過程で、国家の中核となった支配者の正統性を人びとに説くために、つくりだされたものである。

人が自然界から自立するためには、動植物と繋がりをもちつつ、それらを統べる力をもたねばならない。熱帯気候のもとで豊かな降雨により形成された森林にかこまれた東南アジアの建国神話の多くは、人間と動植物との関係を丹念

▼神話　個人ではなく、集団や社会が神聖視する物語。当該の人びとによって「真実」を語っているものと了解される。そのため、作者や成立した年代は問題とならない。なお神話研究は、近代にはいり従来の「神聖さ」が意味を失った時代に始まったといえる。

人のなる木　古くよりアラブ人からワク・ワクと呼ばれ、東南アジア島嶼(とうしょ)部にあるとされた。

に説いている。また東西海洋交通の要衝にあった東南アジア▲にとって、海や河川は、漁業や農業に欠かせぬものであるとともに、交通路としても重要であった。建国神話には動植物とともに、海や川の話がしばしば登場する。

こうした自然環境にしかるべく対処しうることが、人びとを引きつけるうえで重要な条件となった。このため支配者となる人物は、通常の人間と異なる超自然的な力を行使できる特殊な出自とみなされることが多かった。

一方こうしてできた国は、一つだけで成り立っていたわけではない。東南アジア域内にも複数の国々が存在したし、東南アジアの周辺では、大帝国がしばしば登場した。このことは、多くの国々が、併存あるいは競合していたことを意味する。東南アジアは、中国とインド、さらにはペルシアやアラブなどの西アジアとのあいだにあり、これらの地域間の交流にかかわった。したがって東南アジアの国々は、世界の諸勢力のなかで自らの存在を正当化しなければならなかった。

このため東南アジアの建国神話では、自然を統べることができ人びとを引きつけつつ、諸勢力を仲介することが重要なテーマとなる。こうした関係構築は、

▼東南アジア　中国の南に位置し、インドの東にあたるアジア地域の呼称で、第二次世界大戦後に国際関係用語として普及。ベトナム、ラオス、カンボジア、タイ、ミャンマー、マレーシア、シンガポール、ブルネイ、フィリピン、インドネシア、東ティモールの一一カ国よりなる。

パレンバンから見たムシ川（スマトラ最大の河川）

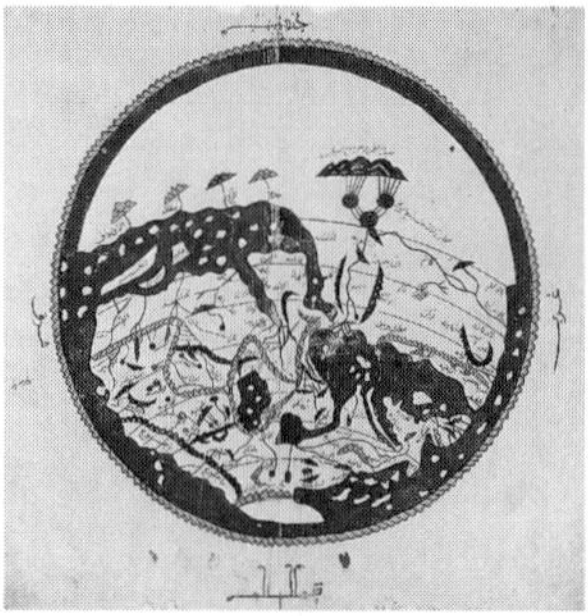

十二世紀のアラブ人が描いた地図
南が上に描かれ、アフリカが上部に位置。インド洋は地中海よりも多数の島々が存在するものと了解されていたことがわかる。

東南アジアだけでなく、またあらゆる時代の国家形成において重要な課題である。ただ、前近代の東南アジアの建国神話には、その地理的条件からとりわけこのテーマがはっきりと語られているように思われる。

本書は、この地の建国神話の検討をとおして、建国者によって、多様な人びとが往来した王都を中心に普遍的な世界秩序が掲げられる一方で、その交流を支えるため王国内に独自の地域秩序が形成されたことを明らかにしたい。神話は、人と自然、地元と外部世界という、あい対立する領域を媒介しなければならない建国者のために不可欠であった。そしてこの自然と多様に存在する人類とを媒介することが、自然との距離がへだたり、国際社会の動向に以前にもまして左右される近代における国民国家形成においても、重要な意味を有したように思われる。

①—港市国家の建国神話

東南アジアの港市国家

世界秩序と個別的な地域との関係を考えるうえで、さまざまな地域からの人びとが集い、地元社会の結節点となる港町を拠点に建設された国家は、興味深い材料を提示してくれる。東南アジアは、さきにも述べたように、古くから海洋交通の要衝となった。また東南アジアの森林は、東西交易において貴重な商品となる香木や香辛料を産した。このため季節風航海▲が確立した五世紀ころより、東南アジアでは交易活動が盛んになった。

内陸部と交通の可能な主要河川の下流域や東西交易活動の要衝のマラッカ海峡には、こうした活動に対応して港市（港町）が形成された。古くは、一～七世紀にメコン川下流域で隆盛した扶南《ふなん》▲王国の港のオケオ▲、マラッカ海峡域で七～十一世紀初めにかけて栄えたシュリーヴィジャヤ▲王国の中心地パレンバンなどがその代表である。とりわけ十五世紀から十八世紀の時期、東西世界での交易活動が活性化すると、東南アジアの商業活動は隆盛した。この時期、東南アジ

▼季節風航海　モンスーンを利用してインド―東南アジア―中国を結ぶ航海は、紀元前後に成立していたと思われるが、マレー半島の陸路を用いずマラッカ海峡を通る方法の確立は、交易国家がマラッカ海峡域に誕生しはじめる五世紀ころからと考えられる。

▼扶南　一世紀から七世紀前半までメコン川デルタ地帯を中心に栄えた王国。シャム湾やマレー半島に勢力を拡大し、インドをはじめ西方世界と中国との交易で隆盛した。四・五世紀よりインド文化を積極的に受容。のちに真臘（しんろう）に滅ぼされる。

▼オケオ　扶南の外港。東西交易の中継港として二世紀から七世紀まで繁栄した。後漢の鏡やインド製の青銅仏像、ローマ帝国の二世紀の金貨などが出土。一九四二年その港跡が発見され、四四年に発掘調査がおこなわれた。

▼シュリーヴィジャヤ　七世紀から十一世紀初めまで、主にパレンバンを中心に隆盛した古代国家。中国の史料には、室利仏逝あるいは室利仏誓の名称であらわれる。東西貿易の中継地となるとともに、スマトラやマレー半島産の森林生産物や鉱産物を輸出した。

シュリーヴィジャヤ時代の堀跡（パレンバン、復元）

ア産の香辛料にたいする東西世界での需要の増大、西欧における大航海時代の到来、さらには中国人の経済活動の拡大などにより、東南アジアの港市に来航する船舶や商人が増加した。パサイ（北スマトラ）、マラッカ、アユタヤ、ペグー（下ビルマ）、アチェ（北スマトラ）、パレンバン、ジョホール、パタニ（マレー半島東岸）、リアウ（ビンタン島）、バンテン（西ジャワ）、ドゥマク（北ジャワ）、マカッサル（南スラウェシ）、ブルネイ、ホイアン（中部ベトナム）、さらにはヨーロッパ人が拠点をおいたバタヴィア、マニラなどの港市が繁栄した。

　これらの港市には、東南アジア域内だけでなく、ヨーロッパや西アジアさらには南アジアや東アジアの多様な地域から商人が来航した。マラッカはその典型である。一五一一年にポルトガルに占領された直後のマラッカを訪れたポルトガル人のトメ・ピレスは、この港町で八四の異なる言語が話されていたと語っている。

　一方港市の後背地は、一般に豊かな森林地帯や河川盆地が広がり、森林生産物や米、胡椒《こしょう》などの商品作物の産地であった。沈香《じんこう》、白檀《びゃくだん》、竜脳《りゅうのう》などの香木▲は東西交易で貴重な商品となった。また胡椒や丁字、ナツメグなどの香辛料▲は、十四世紀後半以降とりわけ重要な輸出品となった。さらにスマトラやマレー半島には、内陸部に金鉱山があった。港市支配者は、後背地住民と確固たる関係を築き、彼らにこれらの産品を集荷させ港市に運ばせたのである。後背地側は、見返りに海産物をはじめ、インド綿布や金属製品などを入手した。港市は内陸社会の外部世界への窓口でもあった。

　植民地支配に服する以前の港市は、内陸部や周辺海域で生産活動に従事する後背地住民や海上民の結節点となり、そこでしばしば王権が形成された。さきにあげた諸港市の多くも、王国の中心地となった。こうした港市を中心に成立した王国を、東南アジア史研究では一般に「港市国家▲」と呼ぶ。港市支配者は、商人や宗教家や専門技術者ら来訪者と、地元の人びととを介在し、獲得した富や威信を臣下に再配分することで、権威を形成した。

　ともすれば港市が、現地社会の他地域への窓口であることを所与のものとして考えがちであるが、港市支配者が、一方で内陸部住民や海上民と同じ王国民としての意識を形成しつつ、他方で多様な地域からの来訪者が居住できる港市空間を形成するという、二つの役割を担ったことはまず踏まえておくべき重要

▼香木　沈香はインドシナ半島やマレー半島、スマトラ、ジャワ、カリマンタンなどの山間部で、白檀はティモール島で、竜脳はスマトラやマレー半島、カリマンタンの山間部で産出。中国では焚香料(お香)として珍重された。また薬用としても用いられた。

▼香辛料　飲食物に芳香や風味を付加するために使用。丁字はモルッカ諸島北部と中部で、ナツメグはモルッカ諸島中部で産出した。十八世紀終わりまでこれらの地域でしか産しなかった。ヨーロッパ人の大航海時代をもたらす要因の一つも東南アジアの香辛料の入手であった。胡椒と丁字は果実などを乾燥させて、香辛料や薬に用いた。

▼港市国家　東南アジアの前近代国家は、多くが王都に交易港を有した。なかには内陸農業地帯に王都をおいたものもあったが、ほとんどが交易港を有し、両者のあいだに緊密な関係があった。このように、交易港を不可分の構成要素としてもつ国家を、この名称で呼ぶ。

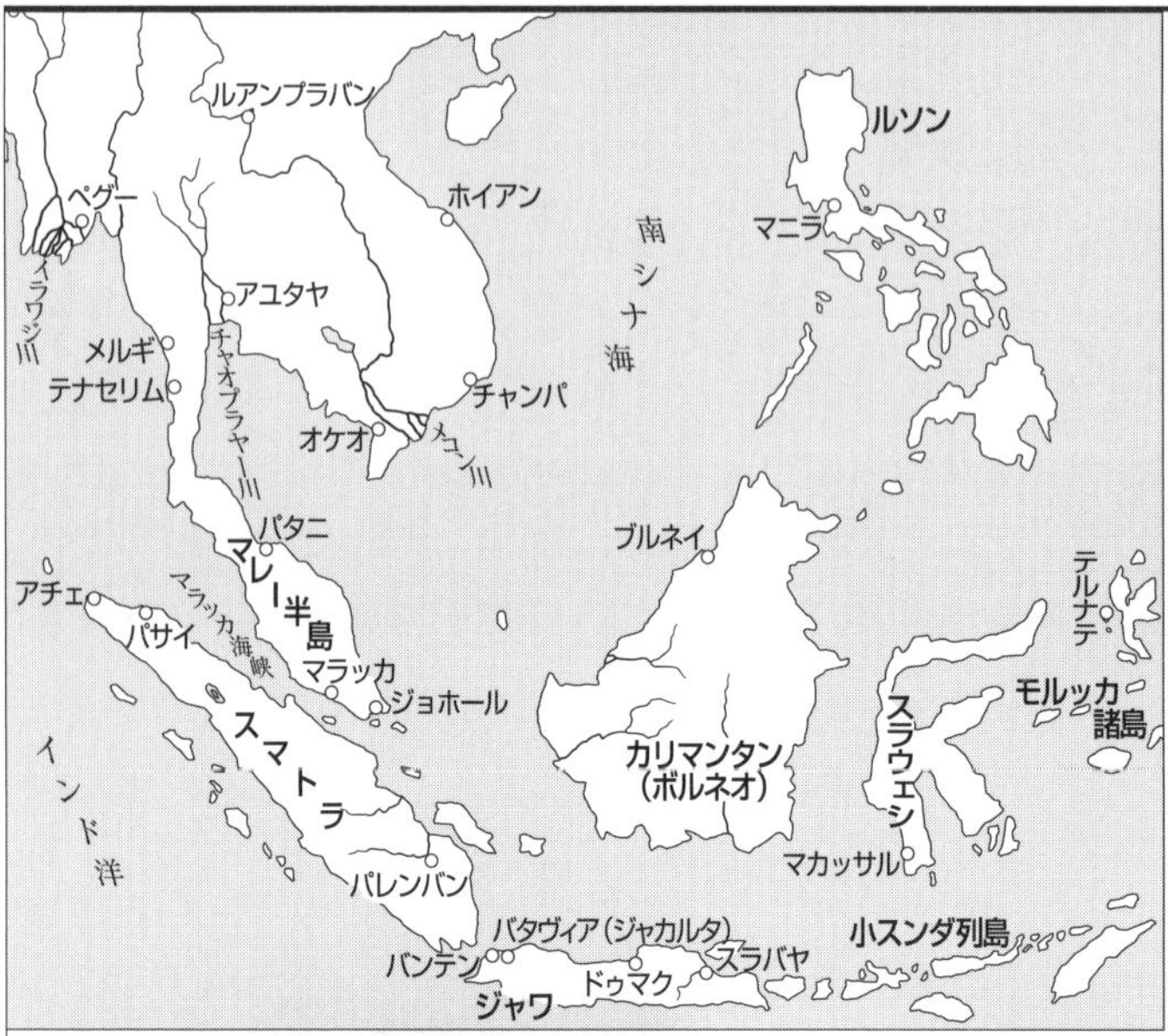

●——**本書で関係する東南アジアの主要港市**

●——**胡椒**

●——**丁字**

●——**ナツメグ**

●——**日本橋**　今もホイアン（フェフォ）に残る橋。朱印船貿易時代のなごり。

●——**マニラに来航した日本船船長山下七左衛門一行**（一六〇〇年）　一六二〇年ころには三〇〇〇名をこえる日本人がマニラにいたと記録されている。

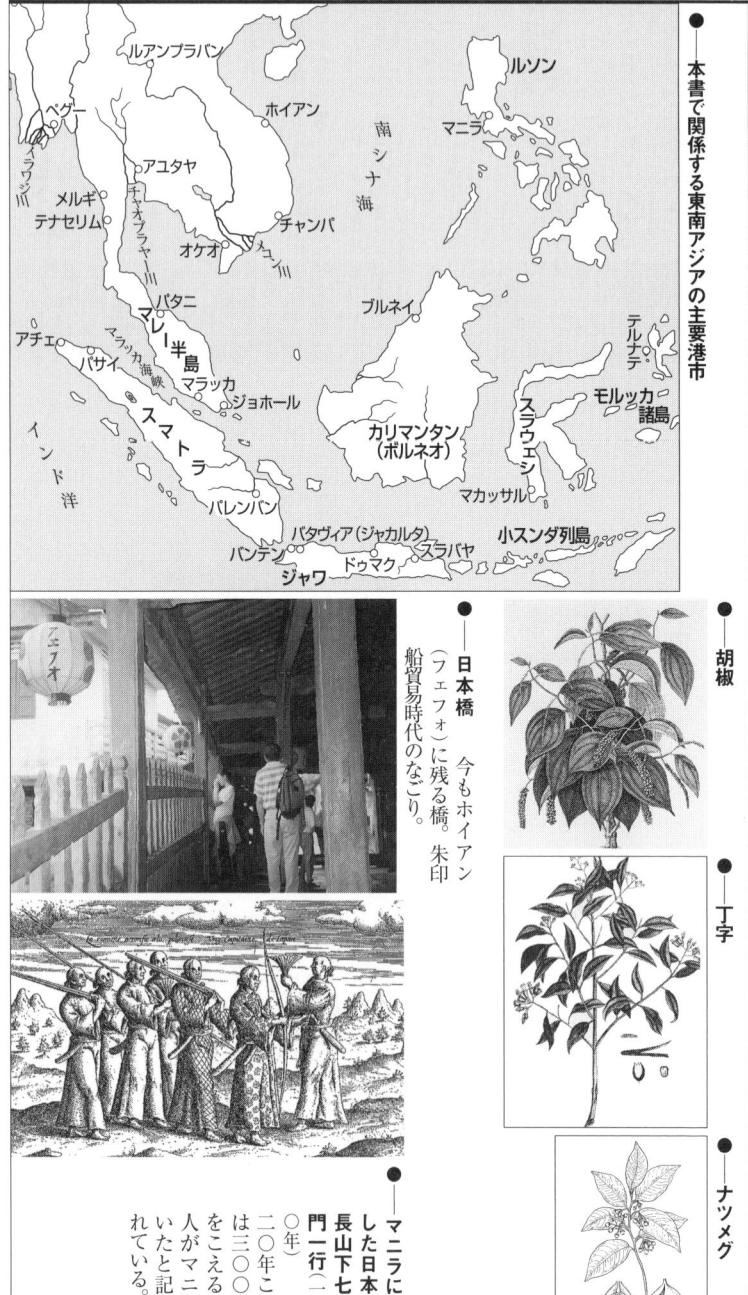

な事柄である。こうした港市国家の建国神話は、支配者を介して「内部」世界と「外部」世界とができあがることを語る興味深い材料を提供してくれる。

パサイ王国の建国神話

十五〜十八世紀の時期に繁栄した港市国家は、その建国の由来を語る王統記を多くがもっている。がんらい宮廷周辺で語られていた王家にまつわる神話は、のちにジャウィーと呼ばれるアラビア文字を用いたマレー語▲や、南インドのグランタ文字▲の影響を受けた字体のジャワ語やタイ語さらにはビルマ語などで表記され、それらのなかには写本として現存するものが存在する。本書で取り上げる『パサイ王国物語』や『ムラユ王統記』さらには『アチェ王統記』などはマレー語で、また『ジャワ国縁起』や『バンテン王統記』はジャワ語で綴られている。それらの建国神話をひもといてみると、建国者が地元住民とのあいだに君臣関係を築きつつ、他方で他地域からの来訪者を引きつけるための原理を受容したことを読み取ることができる。

北スマトラのパサイ（サムドラ）の建国を語る『パサイ王国物語』▲（十四世紀な

▼マレー語　オーストロネシア語族の一言語。近世の東南アジア海域世界で、交易上の共通語として用いられた。とくに島嶼部の港市国家では、公用語として宮廷文書や外交書簡の作成にも使用される。当時のイスラームの拡大も、この語をとおして進展した。

▼グランタ文字　南インドのバラモンがサンスクリット語を書写するのに用いた文字。この南インド系文字からクメール文字やモン文字、ジャワ文字が発達した。クメール文字はシャム文字、モン文字はビルマ文字を生む。

▼『パサイ王国物語』　パサイ王国にかんするマレー語の歴史物語。現存最古のマレー語の歴史叙述作品で、マラッカなど後世のマレー系港市国家の歴史叙述のモデルとなった。現存するマニュスクリプトは、十八世紀に写本されたもの。

かごろ原型ができる）は、その代表である。パサイは、十三世紀終わりに成立し、十四・十五世紀には胡椒などを輸出する東南アジアでもっとも繁栄する港市の一つとなった。北スマトラは竜脳、金などの貴重な産品を産出したばかりでなく、遅くとも十五世紀前半期までに南インドより胡椒が移植され、東南アジアにおけるその主要産地となった。インド洋に近接するこの地域には、インドや西アジアより商人が古くからやってきたが、十三世紀以降とりわけムスリム商人が頻繁に来航するようになり、彼らの要求にこたえることのできる港が必要とされた。

『王国物語』によれば、そもそもパサイの初代王となるムラ・シルは、竹のなかより生まれた「竹姫」と、森のなかで象に育てられた男との結婚により生まれたとされている。それによると、昔北スマトラのスムランガの地に、ラジャ・ムハンマドとラジャ・アフマッドの王族の兄弟がいたという。ある日ラジャ・ムハンマドは、家臣たちを引きつれ森を切り開きにでかけた。すると森のなかに大きな竹を発見した。その竹は家臣たちが刈っても刈ってもまたすぐ伸びてくる、特別な繁殖力をもつ不思議な竹であった。ラジャ・ムハンマドが

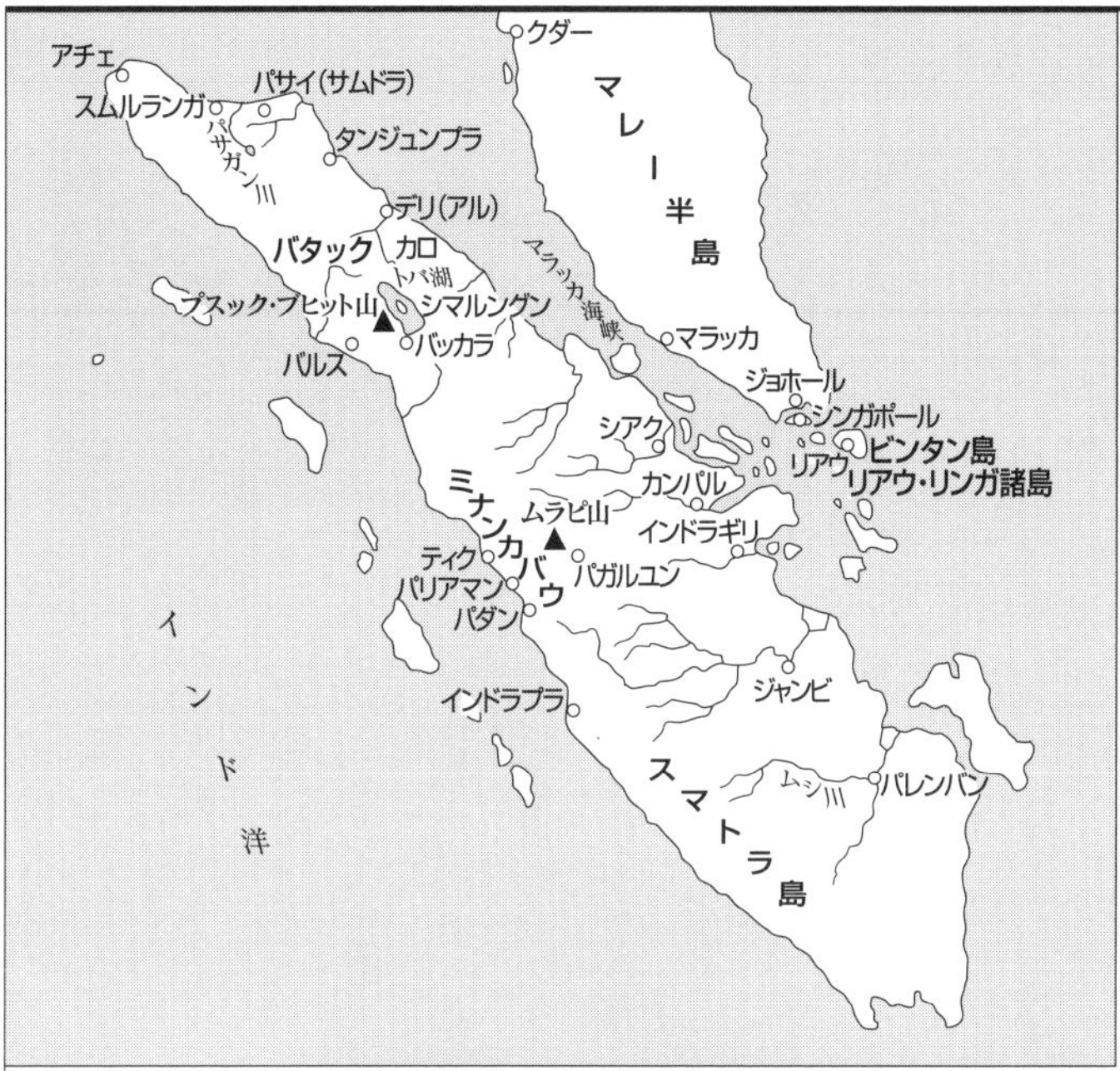

●——スマトラ島とマラッカ海峡

●——ジャウィーで書かれた『パサイ王国物語』の写本の一部

●——**ジャワ語の史書**(十八世紀末)
十八世紀中葉のジャワにおける華人反乱により、マタラムの王都が占領されたことを綴る。

現在のパサイ王宮跡の周辺

▼竹から生まれた子ども　古代朝鮮の新羅の竹筒美女の話や中国南西部の大竹から生まれた男児が夜郎の先祖となったという『後漢書』の話をはじめ、マレー半島のクダーの王統記や『アチェ王統記』にも類似した話が語られている。

その竹を刈り取ったところ、竹株の真ん中に大きな竹の子があり、そこからかわいい女の子がでてきた。ラジャ・ムハンマドは、その子を家につれて帰り、「竹姫」と名づけ、大事に育てた。「竹姫」はすくすくと成長し、日ごとにかわいさをましていったという。

この「竹姫」は、竹取物語の「かぐや姫」を思い起こさせる。竹はその成育の早さから、植物のエネルギーを体現した存在としばしばみなされる。すくすくと育つ女の子に例えられるのは、このためである。竹林が存在し、竹からさまざまな生活用品をつくりだす東南アジアをはじめ照葉樹林地域では、こうした「竹姫」や「かぐや姫」のような竹から生まれた子ども▲の話がしばしば登場する。

一方ラジャ・ムハンマドが「竹姫」を手にいれたことを知ったラジャ・アフマッドも、狩りをしに森にでかけた。すると森の奥で彼は、修行中の一人の老人に出会った。その老人がただならぬ人であることを感じ取ったラジャ・アフマッドは、ラジャ・ムハンマドのように自分も子どもをえたいことをその人に話した。すると老人は、象に育てられている男の子がいることを、ラジャ・ア

環インド洋世界

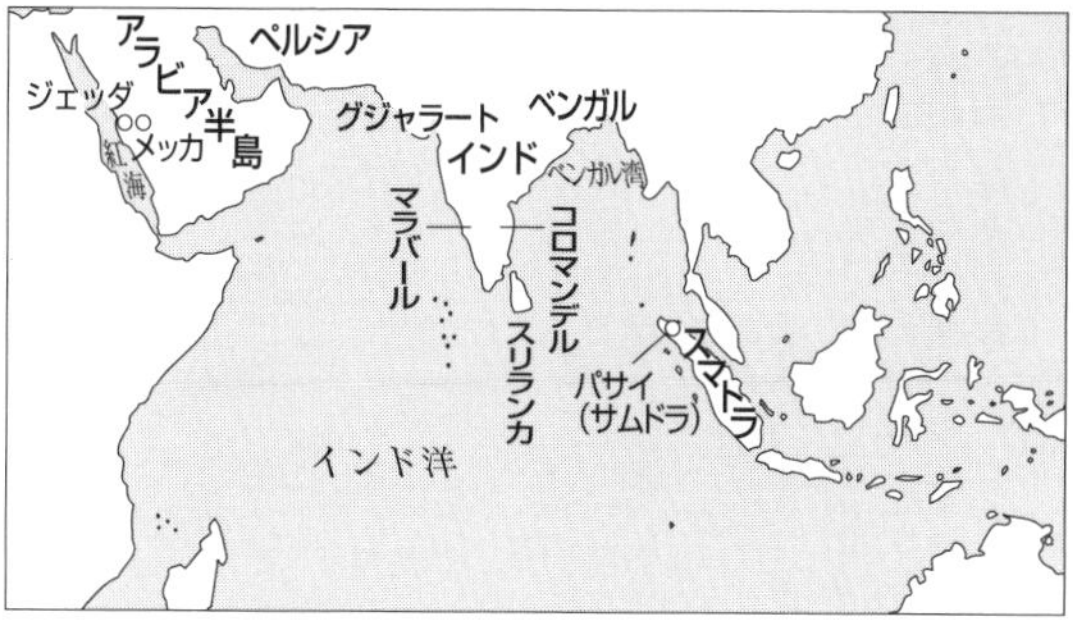

フマッドに話した。話を聞いたアフマッドが待っていると、そこに大きな象が頭に男の子を乗せて、水浴びにやってきた。ラジャ・アフマッドは、老人に何としてもその子を手にいれたいと話した。アフマッドは、いったん自分の住居に帰ったあと、臣下とともにふたたび森にやってき、象が水浴びをするすきに男の子を奪い取ることに成功した。その子は、見目麗《うるわ》しく、ムラ・ガジャ（象に育てられた王）と命名された。アフマッドは、将来ムラ・ガジャと「竹姫」を結婚させたいと、ムハンマドに申し入れた。

象は、森の聖なる動物であり、それに育てられた男は動物を統べる力をもつと考えられよう。この象に育てられた男の子とさきの「竹姫」は、成長すると結婚した。そのあいだに、のちにパサイの初代王となるムラ・シルが生まれたという。「竹姫」と象に育てられた男より生まれたムラ・シルは、いわば内陸森林世界の動植物の力をあわせもつ存在であった。

『王国物語』によれば、彼は成長したのち、その出自のもたらす力を生かし、環虫をゆでて金にしたり、野生の水牛をたくさんとらえて飼い慣らしたりして、たいへん豊かになった。しかし、彼の評判をねたむ弟のムラ・ハスムと不和になり、住むべき地を求めてパサガン川上流の内陸地を訪れた。その地の人びとはムラ・シルをむかえいれしばらく逗留させた。ムラ・シルは闘鶏をして時を過ごした。彼は負けると賭けたものを支払ったが、勝っても決して相手に金品を要求せず、やってきた相手に水牛を与えたという。人びとは彼の気前よさと豊かさを評価して、彼が人びとの王たる人物にふさわしく、ムラ・シルを彼らの王とすることに決めた。こうしてムラ・シルは、彼らの協力のもとに海岸部に王国を樹立することができ、その地をサムドラ▲と命名した。

しばらくするとサムドラの名声は、メッカにも届くようになった。『王国物語』によると、預言者ムハンマドは、生前メッカの友人に、やがてサムドラという国が勃興《ぼっこう》してくるだろうから、その地にイスラームの教えを伝えに行くよう遺言を残していたという。当時メッカにいたシャイフ・イスマイルは、ムハンマドの遺言に従い、カリフの命で人びとをイスラームに改宗させるため、東方のサムドラに向け航海にでかけた。イスマイルは、途中南インドのマラバール▲に立ち寄り、サムドラへの行き方を知るその地の王族の協力をえることができた。その地のスルタンは王位を息子にゆずって、修行者となり、イスマイル

▼サムドラ　パサイ川の河口付近の左岸にサムドラができ、のちにやや上流部の右岸のパサイに王国の中心が移り、サムドラもあわせる。サムドラが、のちに転じてこの島全体（スマトラ）を指す名称となったため、この港市自体はパサイの名称で呼ばれることが多くなる。

▼マラバール　通常インド亜大陸の南西部のゴア以南の海岸地域をいう。胡椒の原産地として有名なこの地域は、古くからインド洋海域世界の重要な交易拠点となり、カリカット、コーチン、ゴアなどの港市が栄えた。

ともにサムドラに行くこととなった。

そのころムラ・シルは不思議な夢を見た。夢に一人の人物があらわれ、ムラ・シルはその人物の指示に従い、口を開けると、その人物は彼の口に唾《つば》をはきかけた。その唾は、甘くおいしい味がしたという。その人物はムラ・シルに、彼がいまやムスリムとなったこと、そしてスルタン・マリクル・サレーと名乗ること、さらに四〇日後にメッカから船が到着するので、その船の人びとの教えに従うように告げた。ムラ・シルが、「あなたはどなたか」とたずねると、その人物は、アッラーの使い、預言者ムハンマドであることを告げたという。

夢から覚めると、ムラ・シルはすでに割礼されており、アラビア語の信仰告白をひとりでに唱えることができるようになっていた。しばらくすると、ムハンマドの託宣のとおり、船でやってきたイスマイルと出会った。彼は夢のお告げに従いイスラームに改宗し、スルタン・マリクル・サレーを称した。

以上が建国を伝える部分の『パサイ王国物語』の内容である。初代スルタンとなったムラ・シルの王としての基盤は、そもそも彼がスマトラ森林世界の動植物の力に与り、内陸部の人びととの支持をえており、そして他方でイスラーム

▼信仰告白　「アッラーのほかに神はなく、ムハンマドはアッラーの使徒である」とアラビア語で唱えること。ムスリムの五つの義務的行為（五行）の第一にあげられ、礼拝のたびに唱えられる。アラビア語ではシャハーダという。

▼スルタン・マリクル・サレー　マリクル・サレーの墓はその没年を一二九七年（一三〇七年の説もあり）としている。一二九二〜九三年にサムドラに寄港したマルコ・ポーロの記録によれば、この地の王はまだムスリムでない。ムラ・シルの改宗はポーロの来航の直後と考えられる。

スルタン・マリクル・サレー（ムラ・シル）**の墓**　一二九七年没と墓碑にある。

現在のマラッカ

に改宗してメッカや南インドと関係を有することにあるとしている。サムドラの内陸部においては、さきにも述べたように、金をはじめ竜脳などが産出され、また南インドより移植された胡椒が栽培されるようになった。サムドラはこうした産品を輸出する港として繁栄し、西アジアや南インドからの商人を引きつけた。サムドラにとって、輸出品を産する後背地と、それを求めて商人がやってくる南インドやイスラーム世界との関係が重要であったことを、建国神話は如実に語っているのである。

この港市の繁栄により、その名称「サムドラ」が転じて、「スマトラ」がこの島全体を指す名称として用いられるようになった。そのためこの港市自体は、パサイの名で呼ばれることが多くなった。

マラッカ王国の建国神話

パサイの繁栄により、スマトラ産の胡椒や金、森林生産物を求めて来航する商人が多くなると、パサイに近くより波のおだやかなマラッカ海峡域の港が、ジャワや東部インドネシアの物品の入手も容易になるため、注目をあびはじめた。十四世紀終わりに建国されたマラッカ王国は、十五世紀後半からポルトガルに滅ぼされる一五一一年まで、東西海洋交易の中継港として東南アジアで随一の繁栄を誇ることになる。マラッカ王国の由来を伝える『ムラユ王統記』▲（一六一二年）も、マラッカ王家がスマトラの住民やマラッカ海峡の海上民と地元の原理にもとづき君臣関係を樹立し、そして対外的にはイスラームを受容して、その存在を確固たるものとしたことを語っている。

『ムラユ王統記』によると、王国の建国者はアレクサンダー大王▲の血統をもち、インドのチョーラ▲王と海の王の娘とのあいだに生まれた子どもの子孫であるという。それによれば、マケドニアのアレクサンダー大王は東方へ遠征し、インドの王ラジャ・キダ・ヒンディと戦い、これを制した。大王は、ラジャ・キダ・ヒンディの娘と結婚し、息子を設けた。大王はその後マケドニアに帰還したが、その子孫は、インドに残った。その一人ラジャ・チュラン（チョーラ王）は、全インドを勢力下におさめた。そしてさらに中国を征服するために、東方遠征にでかけた。

シンガポールまで進軍したラジャ・チュランは、その遠征を阻止しようと中

▼『ムラユ王統記』　王家の系譜を中心にマラッカ王国からジョホール王国初期までの歴史を記したマレー語の古典文学作品。一六一二年ジョホール王国で編纂された。マレー語古典文学の傑作と評される作品で、約三〇の異なる写本が現存する。

▼アレクサンダー大王　紀元前四世紀のマケドニア王で、東方遠征をおこないギリシア、エジプト、西アジアにまたがる大帝国を建設した。彼の超人的な活躍は、やがて伝説化され、イスラーム布教の英雄として西アジア世界に取り入れられた。

▼チョーラ　南インドのタミル地域に古代から十三世紀末まで栄えた王国。とりわけ十世紀終わりから十二世紀にかけて隆盛し、十一世紀にはマラッカ海峡域にまで影響力を拡大し、スマトラやマレー半島における南インド系商人の活動を活性化させた。

カーンチープラムのヒンドゥー寺院（南インド、マドラス郊外）　パッラヴァ王国、チョーラ王国のもとで、ヒンドゥーの聖地として町が栄えた。

国からきた船の乗組員より、中国がまだはるかに遠いことを聞かされた。王は中国遠征をやめ、そのかわりガラス箱をつくらせ、それにはいって海にもぐったという。海の底には海中の王国があり、ラジャ・チュランは海の王と出会った。ラジャ・チュランは、自らが地上の王であると告げると、海の王にむかえられ、その娘と結婚した。それにより、王には三人の息子が誕生した。ラジャ・チュランは、やがてインドに帰りたいむねを海の王やその娘に告げ、彼の息子たちを成人したあとに地上に送り返してくれるよう依頼した。こうしてラジャ・チュランはインドへ帰っていった。

成長したその息子たちは、その後海中から南スマトラのムシ川河口の町パレンバンの聖地ブキット・シグンタンに降臨した。三人が降臨したとき、その丘の頂上は黄金となり、稲穂は金粒となり、稲の葉は銀、茎は金銅の合金になったという。パレンバンの首長ドゥマン・レバル・ダウンは、アレクサンダー大王の子孫を称する三人の降臨者をむかえいれた。

やがて噂を聞きつけた周辺各地から、人びとが三人を表敬訪問にきた。これにこたえて、三人のうち長男は中部スマトラのミナンカバウの王に、次男は北

▼スリ・トリ・ブアナ　マラッカ王国の初代王は、トメ・ピレスの『東方諸国記』や中国側の史料から、パレンバン出身のパラメスワラ(十四世紀終わり頃〜一四一四)であることが明らかとなっている。『ムラユ王統記』にはこの名は登場しない。史実としてパラメスワラ一代でなされたことを、『王統記』はスリ・トリ・ブアナを含め五世代にわたる事業として、丁寧に展開している。

現在のシンガポール

スマトラのマラッカ海峡岸の港市タンジュンプラの王にむかえられた。三男はドゥマン・レバル・ダウンに遇されて、パレンバンの王にむかえられ、スリ・トリ・ブアナ▲(三界(水界・地上界・天界)の王)と称した。

スリ・トリ・ブアナはやがて、海辺に町をつくりたいとレバル・ダウンに打ち明けた。レバル・ダウンは協力を約束し、スリ・トリ・ブアナと一緒に海峡を渡りビンタン島に赴いた。ビンタン島を支配していた女王は、ブキット・シグンタンに降臨したスリ・トリ・ブアナを遇し、彼を養子としてむかえた。その後ビンタン島の女王の支援もえて、スリ・トリ・ブアナはさらに海峡をわたり、シンガポールにいたろうとした。海は嵐が起きて荒れていたが、海の王の孫となるスリ・トリ・ブアナは荒ぶる海を静め、無事シンガポールに上陸することができ、その地に町をつくったという。その後このスリ・トリ・ブアナの曾孫がマラッカの地に移り、マラッカ王国を建国したと『王統記』は伝えている。

アレクサンダー大王は、アラブやペルシアでは、イスラームを広めるために戦った英雄として語り伝えられていた。のちに西方イスラーム世界との交易が盛んになり、東南アジアのイスラームのセンターとしての役割を担うこととな

現在のブキット・シグンタンの入り口

▼義浄（六三五〜七一三）　インド留学（六七一〜六九五年）の途次、シュリーヴィジャヤに長年滞在。その地の仏教がインドと同じく高水準であることを記す。旅行記『南海寄帰内法伝』やインド求法僧の伝記『大唐西域求法高僧伝』の著作がある。

▼スメール山　インドの宇宙論において、宇宙の中心に聳えると観念された山。その山頂には、ヒンドゥー教や仏教の神々の住居があると考えられていた。美称「ス」をとり、メール山ともしばしば呼ばれる。

るマラッカは、アレクサンダー大王を王家の祖先としている。だが『王統記』は、マラッカ王家がアレクサンダー大王やチョーラ王の血統を引くと唱えるのみでなく、建国するまでにマラッカ海峡の海の王女と関係を形成してパレンバンに降臨し、人びとの尊崇をえてスマトラ島の要衝にその兄弟が王としてむかえられたとしているのである。

三者が降臨したパレンバンは古代海洋帝国シュリーヴィジャヤのかつての中心地であり、ブキット・シグンタンはその聖地であった。シュリーヴィジャヤは、唐の仏僧義浄▲が七世紀後半にその王都を訪れたとき、一〇〇〇人以上の僧侶が仏教研究に励む、仏教が盛んな地であった。ブキット・シグンタンは、シュリーヴィジャヤの人びとにとって、仏教でいう神々の住む宇宙の中心スメール山（須弥山）▲とみなされた場所であった。スマトラの人びとやビンタン島の女王は、スリ・トリ・ブアナたちがここに降臨してきたことから、彼らに敬意を表したのであった。

パレンバンはスマトラならびにジャワの産品を集荷して繁栄した港であり、ミナンカバウはスマトラ中部の金や森林生産物の主要産地で、タンジュンプラ

▼海上民　船上生活を送り、船で移動しながら漁業や海産物の収集に従事した漂海民のこと。マラッカ海峡域に形成された港市国家群では、マレー語でオラン・ラウトと総称された彼らが海軍力の中核を占めていた。

ビンタン島　豊かな水が中継港を成立させ、また島の水上交通路となった。

は北スマトラのアル王国の港であった。パサイ同様アルも内陸部と緊密なネットワークを有し、ミナンカバウとも関係をもっていた。『王統記』は、マラッカ王室がシュリーヴィジャヤとゆかりのある存在として、スマトラ島の主要な産地や港と関係をもつにいたったことを唱えたのであった。これらの地からマラッカ海峡をへて産品がマラッカに寄せられたのである。

このマラッカ海峡において海上民▲は重要な役割をはたす。『王統記』は、王家がマラッカ海峡を統べる海の王の子孫であるとし、海との特別な関係を述べている。スリ・トリ・ブアナはシンガポールに建国するまでにパレンバンの有力者とビンタン島の女王の支援をえた。パレンバンの有力者の協力のもとにビンタン島に赴いたことを考えれば、この人物がムシ川河口からマラッカ海峡周辺で活動する海上民に影響力を行使していたことは容易に想像がつく。またビンタン島の属するリアウ・リンガ諸島は、マラッカ海峡にあって古くから海上民の活動拠点があった。その地の女王の養子となり、ビンタン島の海上民も率いたスリ・トリ・ブアナは、シンガポールへわたるために荒ぶる海を制することができることを臣下たちに示したのであった。

産地および海上民との関係を形成したマラッカは、つぎに対外関係を確かなものにする必要があった。イスラームへの改宗はその一つであった。『ムラユ王統記』によると、スリ・トリ・ブアナの息子、孫、曾孫、玄孫の代、シンガポールは当時ここを勢力下においていたジャワのマジャパヒト王国▲からの攻撃を執拗に受けたという。その結果玄孫のスルタン・イスカンダル・シャー▲は、シンガポールからマラッカの地に移った。

マジャパヒトの勢力圏を離れたマラッカ王家は、イスカンダル・シャーの孫のラジャ・トゥンガ▲の代にこぞってイスラームに改宗したと、『王統記』は伝えている。それによると、ラジャ・トゥンガはある夜夢で、預言者ムハンマドと出会い、ムハンマドより、「アッラーのほかに神はなし、ムハンマドは神の使徒」を唱えるよう、命じられた。さらに、つぎの日ジェッダより船がやってき、マラッカに上陸する一人の人物のいうことに従うよう指示された。ラジャ・トゥンガが同意すると、ムハンマドは消え去った。

目覚めると、ラジャ・トゥンガはすでに割礼されており、彼から夢で教わった信仰告白が、ひとりでに唱えられるようになっていた。翌日、ムハンマドの

▼マジャパヒト王国　一二九三年元の干渉を排してラデン・ヴィジャヤが建国。東ジャワを中心に十四世紀から十五世紀前半期まで隆盛した。全盛期にはマラッカ海峡にも影響力を行使。十五世紀後半にジャワ北岸イスラーム港市の台頭により衰退し、一五二七年ころ滅亡した。

▼スルタン・イスカンダル・シャー　この王は実在し、パラメシュワラのあとの第二代マラッカ王（在位一四一四〜二三頃）であった。その名前が示すとおり、ムスリムの王で、トメ・ピレスの記述によると、パサイ王家との交流によりイスラームに改宗したとある。この王の代になされたマラッカ王家のイスラームへの接近は、ただし一時的なもので、つぎのスリ・マハラジャ（在位一四二三頃〜四四）は非ムスリム名にもどった。『王統記』もこれを反映して、ふたたび非ムスリムの王が登場する。

お告げどおりジェッダより船がやってきた。船からおりたサイード・アブドゥル・アジズの導きにより王は改宗し、スルタン・ムハンマド・シャーを名乗った。王についで王家の高官や臣下もこれにならった。以降西アジアのイスラーム世界にマラッカの存在は広く知られるようになったという。

　マラッカ王家が地元の人びとを引きつけた原理は、仏教や在地の信仰にもとづくものであり、パサイの場合と同じくイスラームとのあいだにギャップが存在した。それを媒介したのが、夢であった。『パサイ王国物語』のムラ・シルの場合と同じく『ムラユ王統記』のラジャ・トゥンガの改宗も、夢での預言者ムハンマドの導きによるものであるとしている。

　マラッカはまた、成立当初より北方のシャム（アユタヤ）の南進に悩まされていた。シャムの攻勢に対応するため、マラッカは中国との外交関係の樹立をはかった。明朝の一四〇五～三三年の七回にわたる鄭和《ていわ》の遠征▲を契機に、マラッカは中国と朝貢▲関係にはいった。

　マラッカは熱心な朝貢国となり、その存在を中国から保障された。『ムラユ王統記』は、鄭和の遠征について直接ふれてないが、スルタン・マンスール・

▼ラジャ・トゥンガ　ここに登場するラジャ・トゥンガ（スルタン・ムハンマド・シャー）は実在ではなく、『王統記』でものちにスルタンとなる実在のスルタン・ムザッファル・シャー（在位一四四五～五九頃）の改宗をより正当化するために、この話を挿入したものと考えられる。

▼鄭和の遠征　十五世紀前半、明が周辺諸国にたいする朝貢勧告の目的で実施した艦隊遠征。雲南出身のムスリム鄭和を指揮官とし、主に東南アジア、インドへ派遣されたが、第四次遠征以降は、ペルシア湾、アラビア半島、アフリカ東海岸へも到達した。

▼朝貢　前近代の中国王朝と周辺諸国とのあいだに形成された政治的関係および貿易形態。朝貢国は、定期的に朝貢使節を中国の皇帝に遣わし貢物を献上。中国皇帝は、朝貢国の支配者を国王に封じ、朝貢側との貿易を許可した。

マラッカ王国時代の王宮　『ムラユ王統記』をもとに復元。

マラッカの三宝公廟　鄭和は今日においても「三宝太監」の名で、東南アジア各地の中国系住民たちに信仰されている。

シャー（在位一四五九頃〜七七。『王統記』ではスルタン・ムハンマド・シャーの三代あとのスルタン）が中国の王女を嫁にむかえたことを語っている。また同じく彼の時代、中国皇帝がマンスール・シャーの足を浄める水をマラッカから贈ってもらい、それを飲むと病気がなおり、マラッカ王と中国皇帝との関係がいっそう親密になったと述べている。中国との関係の緊密化が『王統記』からも読み取れよう。

こうしてイスラーム世界と中国との関係を樹立したマラッカは、東西海洋交易の中継港としての地位を確固たるものにした。また東西交易における香辛料の需要の増大は、スマトラをはじめジャワ、モルッカよりもたらされる香辛料を求めてマラッカに来航する商人を増加させた。マラッカは十六世紀初めには一〇万人前後の人口を有する都市となっていたが、周辺にほとんど後背地をもたなかったこの港市は、食糧すら自給できず、米をアユタヤ、ペグー、ドゥマクなどから輸入した。商業立国のマラッカにとって、対外関係を安定的に維持することは極めて重要であったのである。

アユタヤ王国の建国神話

後背地と陸路で結ばれたパサイと、マラッカ海峡の海上民をとおして商業ネットワークを構築したマラッカをみてきた。他方で東南アジアにおける港市国家の多くは、内陸後背地と河川で結ばれていた。シャム湾にそそぐチャオプラヤー川河口に形成されたアユタヤは、その典型である。アユタヤ王国▲(一三五一〜一七六七)の建国神話は、建国者が中国や周辺地域との関係を構築しつつ、大河を制する力をもつことを語る。

タイの前近代の歴史書には、仏教がいかにしてタイに伝えられたかを語る仏教歴史書(タムナーン)と、王都の建設に始まり、続いて歴代の王の治績が編年体で語られる王朝年代記(ポンサーワダーン)とが存在した。現存するタイ語の王朝年代記のうちで最古のものは、十七世紀後半にナライ王のもとで編纂された『アユタヤ王朝年代記』である。しかしここでは、一六四〇年にアユタヤのオランダ商館に勤務したファン・フリートが収集したアユタヤ王国の建国から十七世紀なかごろまでの歴代の王の治績を語った『シアム王統記』▲を使用する。これは、仏教歴史書の語りと共通するものをもち、当時のタイ人の世界観や王

▼**アユタヤ王国**　本書に登場するウートン王家をはじめ五王家から三三代の王によって統治された王国。その間十六世紀後半にビルマのタウングー朝に占領されたが、ナレースワン王(在位一五九〇〜一六〇五)の時代独立を回復した。

▼**『シアム王統記』**　アユタヤ初代の王ターオ・ウートン(在位一三五一〜六九)から二五代プラーサートトーン(在位一六二九〜五六)までの王の治世を述べたもの。歴代の王の名や在位期間は、『アユタヤ王朝年代記』と異なる箇所もあるが、中国側の『明実録』とは比較的符合する。

国観を反映した好材料と思われる。さらに、王統についてタイ語の王朝年代記の記述と共通する部分が少なくないうえに、その最古のものより収集された時期が古く、年代記の基礎となる語りの一つと想定されるからである。

『シアム王統記』によると、シャムでは最初の王プラ・プロブディ・チャウのあと七一二年にわたって国王がおらず、国は荒廃していた。その後中国の一王族のチャウ・オウエが、この地にやってきてシャム王となったという。彼は王の父から宮廷を追われ、多数のジャンク船や家来そして財宝をたずさえて風任せに航海したところ、マレー半島東岸のパタニに到着した。一行は上陸してその内陸部に都市をつくり、ランカスカと命名し人びとを住まわせた。それからチャウ・オウエは、さらに陸路を進みリゴール（ナコンシータマラート）に都市を建設した。その後さらにクイに向かい、その地にも都市を建設した。

そのころ中国からジャンク船が二隻クイに姿をあらわした。チャウ・オウエは、船員たちが蘇木《そぼく》▲を求めていることを知ると、二隻で運べるだけのたくさんの蘇木を彼らに贈った。彼らは帰国すると、皇帝にこのことを報告した。皇帝は蘇木におおいに満足し、その報酬として自分の娘をチャウ・オウエに嫁がせ、

▼蘇木　この木芯部に含まれる色素をもとに赤系統の染料となる蘇芳（すおう）ができる。蘇芳は多色性染料で、媒染剤によって赤と紫を基調とするさまざまな色調をえることができる。日本では渡来の染料として貴重品としてあつかわれた。

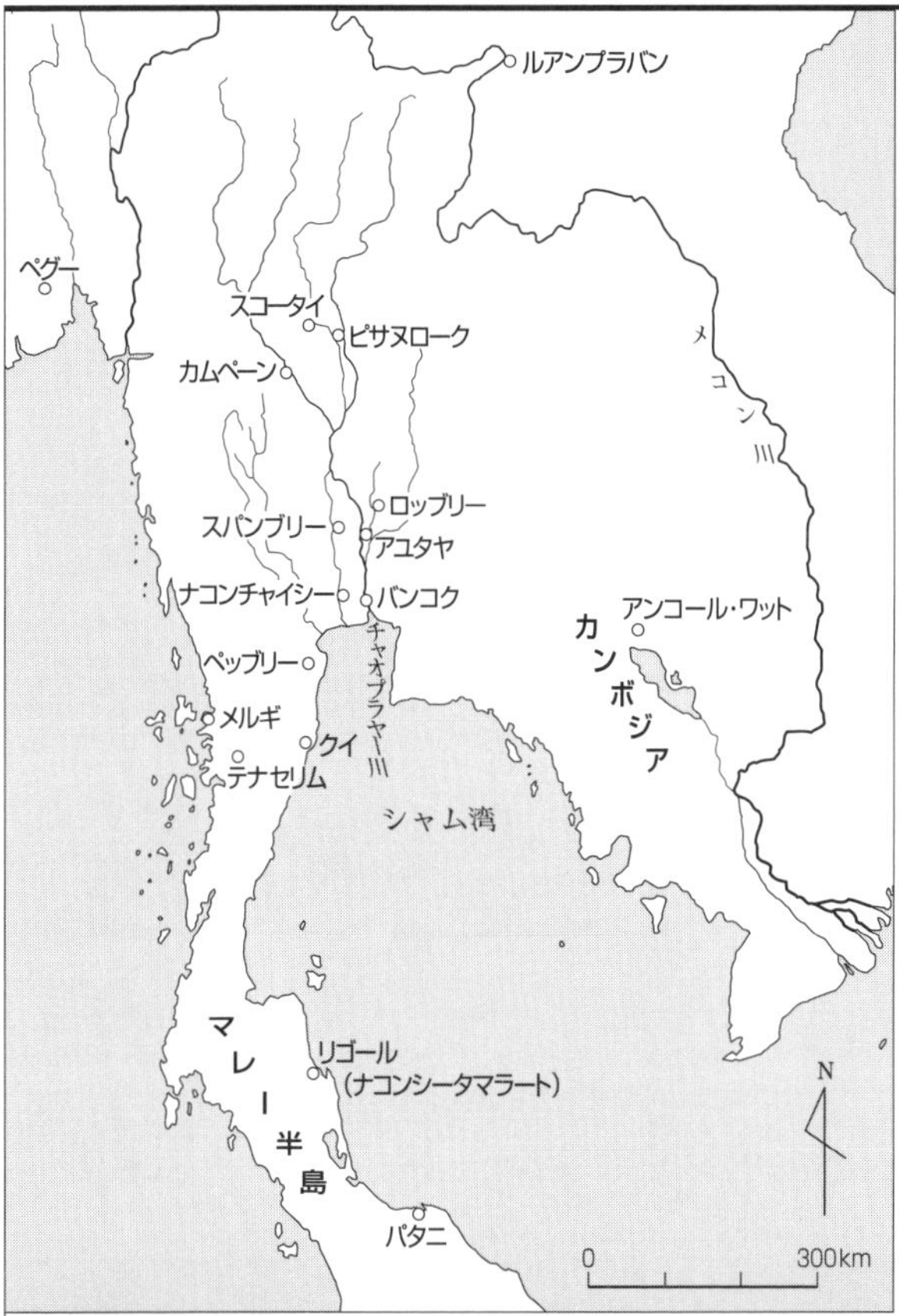

●—アユタヤとその周辺

●—アユタヤに残る王家ゆかりの寺院（ワット・ラーチャブラナ）跡

▼**上座仏教**　ブッダの死後、戒律をめぐって出家者個人の解脱を目的とする上座部と、出家・在家に関係なく救済がえられるとする大衆部に分かれた。上座(テラヴァーダ)仏教は、その後スリランカに伝わり、さらに大陸部東南アジアで展開をとげた。

彼にターオ・ウートン(『王統記』の表記はタウ・オウトンであるが、正確なタイ名をここでは用いる)という国王の称号を授けたという。

ターオ・ウートンとなった彼は、クイを立ち去り、チャオプラヤー川河口近くのペッブリーにやってき、その地に都市を建設しようとした。町づくりのために人夫たちが地面を掘っていると、地中より銅の仏像がでてきた。ウートンはそれを見て驚き、その像とシャムの宗教にかんする説明を受けると、彼は中国の宗教を捨てて、シャムの宗教(上座仏教▲)を受け入れた。

その後彼は、チャオプラヤー川河口のバンコクをはじめチョン、コーク・ティアムの各都市を建設したという。その間に彼は、この川の中州のアユタヤの小島のことを知り、これほどよい環境の所になにも建っておらず、人が住んでいないのを不思議に思った。彼は一人の隠者に会い、アユタヤのことをたずねた。すると隠者は、アユタヤの中心のウー・タレンケンという所に池があり、そこに住む竜が毒のあるよだれを口から吐き出し、周囲を汚染し、住む人を殺してしまうことを彼に話した。ウートンは、竜を殺してその池をうめてしまうことができないか、隠者にたずねた。すると隠者は、そのためには、自分と

シャム湾からチャオプラヤー川をのぼってアユタヤへいたる航海図（十七世紀、オランダ人作成）

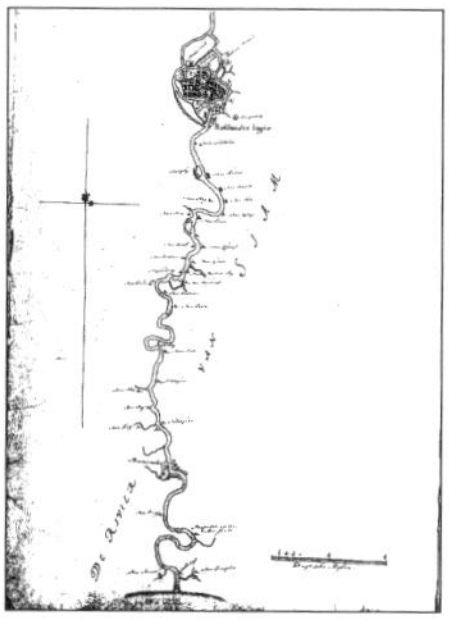

▼**キンマ**　蔓草の一種。檳榔の実の核を薄切りにし、貝を粉状にして赤く着色した石灰を塗ったキンマの葉に包んでかむこと（ベテル・チューイング）は、シャムで古くからおこなわれていた。味は渋く、さわやかさを与える。

そっくりな隠者をそこに投げ込むしか手段がないと答えた。そして、自分で矢を放って、その矢を矢筒で受け止めること、一日に一回身体に牛糞をぬりつけること、そしてバラモンが自分の寺院もしくは聖なる場所に行くときにするように、角笛を吹くことができれば、アユタヤで健康に暮せるであろうとウートンに告げた。ウートンは、臣下にこの隠者と同じ人物を捜すよう命令した。

そこでウートンは、船に乗って川の中央に漕ぎ出し、川の上流に向かって矢を放った。矢が流されてくると、彼は矢筒を流れにひたして矢を受け止めた。また彼は牛糞のかわりに一日に一回少量の鉛白をまぜた米の粉を身体にぬらせ、「まず土地に肥料をやらなければ、米は豊かに稔らない」といって、牛糞が米の一部になっていることを示そうとした。また「キンマ▲の葉をかたく捲いて筒をつくり、それを檳榔子《びんろうじ》とともに喰べれば、それは角笛を吹くのに多少は似ているだろう」といった。

隠者は、ウートンの一連の行動を評価し、矢が自分の所に帰ってくるようにしたことで、彼の部下がみなたがいに団結し、国内に戦争がなくなること、また牛糞をたくみに使ったことで、臣下に疱瘡《ほうそう》がなくなること、さらにキンマを巻いて角笛とそっくりなものをつくったことで、神がウートンを祝福し、おおいなる幸運をもたらすであろうと告げた。一方、この間にウートンは、臣下からこの隠者にそっくりな隠者がほかには見つからなかったとの報告を受けた。そこで、この隠者と池の口の所に行って話をしていたところ、彼を突然池に投げ込み、池をうめてしまった。この後、竜はふたたび姿をあらわさず、その地は、それ以来汚染されることもなくなったという。

ウートンはアユタヤの町の建設を始め、従ってきた人びとをすべてここに呼び集め、自ら国王を称した。彼は、さらにチャオプラヤー川中流域の要衝となるピサヌローク、スコータイ▲およびカムペーン、そして河口のナコンチャイシーの各都市を建設した。中国の皇帝は、自分の義理の息子のターオ・ウートンがシャムに定住したことを知っておおいに満足し、金の書簡をもたせた使節を派遣し、ウートンとのあいだにかたく同盟を結んだという。

ウートンがアユタヤに住んで約一〇年ほどたったころ、占星術師より同市に大きな不幸が迫っていることを聞かされた。それによると、アユタヤに内乱が生じ、同市が滅亡し、みな死んでしまうということであった。ウートンは人び

▼スコータイ　バンコクの北約四四〇キロのチャオプラヤー川中流域に位置する都市。十三世紀なかごろより十五世紀なかごろアユタヤに併合されるまで約二〇〇年間、タイ最初の国家スコータイ朝がここに興った。

▼アンコール・ワット　カンボジアに栄えたアンコール朝（九〜十五世紀）の首都に建てられたヒンドゥー寺院。十二世紀前半スールヤヴァルマン二世によって造営された。ウートンが建立したものではないが、『王統記』がアユタヤのカンボジアにたいする覇権を唱えたものといえよう。

アンコール・ワット遺跡

とに財貨をうめて、一緒にカンボジアに避難するよう命じた。カンボジアにたどりついた彼らは、自然の力によって成長していく石で都市を建設し、それをレコーン・ロアン（アンコール・ワット▲を指す）と命名した。ウートンは、彼の臣下とともに約九年間カンボジアにとどまったという。

しかしそこは海岸から遠く、中国やその他の地からもジャンク船が一隻もこなかった。また占星術師もアユタヤを脅かしていた不幸が過ぎ去ったことを教えてくれたので、ウートンは、息子をそこに残してその地を統治させ、自分はふたたびアユタヤに帰った。彼は、その後アユタヤで死去した。この王は賢明で、雄弁で、思慮深く、勇敢で、積極的で、寛容で、部下の兵士と平民たちの面倒をよくみたという。彼はまた信仰心があつく、考えもなく人を罰するようなことをせず、司法の強力な執行者であった。彼はだれからも非常に愛されたという。

以上が、アユタヤの初代王ターオ・ウートンの建国にかんする『シアム王統記』の内容である。『パサイ王国物語』や『ムラユ王統記』と同じく、そこでは、ウートンがアユタヤに建国するにあたり、対外関係を強固に構築するとともに、

スペイン人によって描かれた中国のジャンク船

▼ウートンの出自　史実としてアユタヤ初代王は、中国人の末裔であったとする説や、チャオプラヤー川流域のロッブリー王家とスパンブリー王家の関係者とする説などがある。いずれにしても、アユタヤ建国にさいして、中国との関係構築は重要であった。

シャムの価値観をとおして王権を樹立したことが述べられている。

シャム湾に位置したアユタヤにとって、中国との関係は極めて重要であった。『王統記』は、ウートンの出自▲を中国とし、さらに中国皇帝の娘と結婚し、皇帝との同盟関係を確固たるものとしたことを語っている。

またウートンは、アユタヤを建設する前に、マレー半島の各地に都市を建設したとされている。ランカスカとリゴールは、マレー半島の中央部東岸に位置し、クイは半島北部の東岸にあった。これらの地は、シャム湾の海上交通の要衝であり、また陸路を介してベンガル湾と接合できる場所であった。東アジアだけでなく南アジアや西アジアとの交易のうえでも、重要な地であった。

こうして半島の周辺地域に拠点をかまえたウートンは、チャオプラヤー川のデルタ地帯へ進出した。そこからの都市の建設は、シャムの価値観にもとづくことが重要となる。

ペッブリーの町を建設するにあたって、地中より銅像がでてきたのを見たウートンが上座仏教に改宗したのもその例であろう。また、王都となるアユタヤの建設にかかったさい、耳をかたむけた「シャムの隠者」は、シャムの聖なる力につうずる人物であった。ウートンは、この隠者の助言にのっとり矢を矢筒に受け入れ、人びとを結束させた。また竜は、水界の力を具現化したものである。隠者を池に投げ込みこの竜を制したことは、ウートンが隠者以上に聖なる力に与りチャオプラヤー川の水を制したことを意味している。

　また彼が米の粉を牛糞がわりに塗ったことは、チャオプラヤー・デルタにおける稲作をつかさどっていることと、デルタの湿地帯で生じる疫病を制することをあらわしている。実際チャオプラヤー川流域は、アユタヤ時代からデルタでも収穫できる浮稲▲が導入され、豊かな米作地帯となった。さらに檳榔子をキンマの葉に巻くことを、バラモンの吹く角笛に例えることで、当時シャムの人びとにも普及していたと思われるキンマをかむ習慣を正当化したのであった。

　こうしてアユタヤに拠点をかまえた彼は、さらにチャオプラヤー川流域の要衝ナコンチャイシーやピサヌローク、スコータイ、カムペーンに町をつくったとされている。歴史的にはかならずしもアユタヤ建国時にこれらの町がつくられたわけではないが、アユタヤがチャオプラヤー川流域に広く影響力を行使したことを主張したものである。また『王統記』は、ウートンがカンボジアに一

▼**浮稲**　水深が著しく深くなるような水田に適応したイネの品種群をいう。チャオプラヤー川のような大きな河川流域で雨期の進行にともなって河川が増水しても、浮稲は水位の上昇に対応して茎を伸ばし、自然環境に適応する。

チャオプラヤー川下流域の水上マーケット

時移り、アンコール・ワットを建設したとしている。史実としてアユタヤは、アンコール・ワットをつくったわけではないが、建国後しばしばアンコール王国に攻撃をしかけ、この地に影響力を行使した。「アンコール・ワット建設」は、アンコール王国を勢力下においたことを唱えたものといえよう。

アユタヤは、こうしてチャオプラヤー川流域の交易ネットワークをつかさどり、カンボジアにも影響力を行使した。またすでに述べたようにマレー半島北・中部をも影響下におくことで東西交易の要衝を押さえ、米や森林生産物を輸出する港として十六世紀前半さらに十七世紀に繁栄の時期をむかえるのである。

②—港市と世界秩序

コスモポリスの港市

パサイとマラッカそしてアユタヤの建国神話の検討をとおして、われわれは二つの世界が形成されたことに気付く。一つは、多様な地域からの出身者が集う港市であり、もう一つは、地元の原理で構築された王国の世界である。

東西世界からの外来商人をはじめ他港市や地元出身者を幅広くかかえた東南アジアの港市は、コスモポリスとなった。マラッカは、十五世紀後半からポルトガルに占領される一五一一年までの時期、東南アジア最大規模の都市の一つであった。トルコ、アラブ、ペルシア、インドのグジャラート、マラバール、コロマンデル、ベンガルの諸地方、ペグーやマレー半島のクダー、アユタヤ、パサイをはじめスマトラ東岸の港市、ドゥマクをはじめとするジャワ北岸の港市、ブルネイ、ルソン、チャンパ、中国、琉球などから商人たちがマラッカに寄港した。なかでもマラバール、コロマンデルの南インドの商人や西北インドのグジャラート商人、ジャワ商人、ルソン商人らが多数を占めた。

▼港務長官　インド洋海域世界の諸港市で、外国商船の応接、倉庫管理、徴税、外国人居留民の監督などを担当した管理官。有力な外来商人のなかから任命され、シャーバンダルなどの名称で呼ばれた。

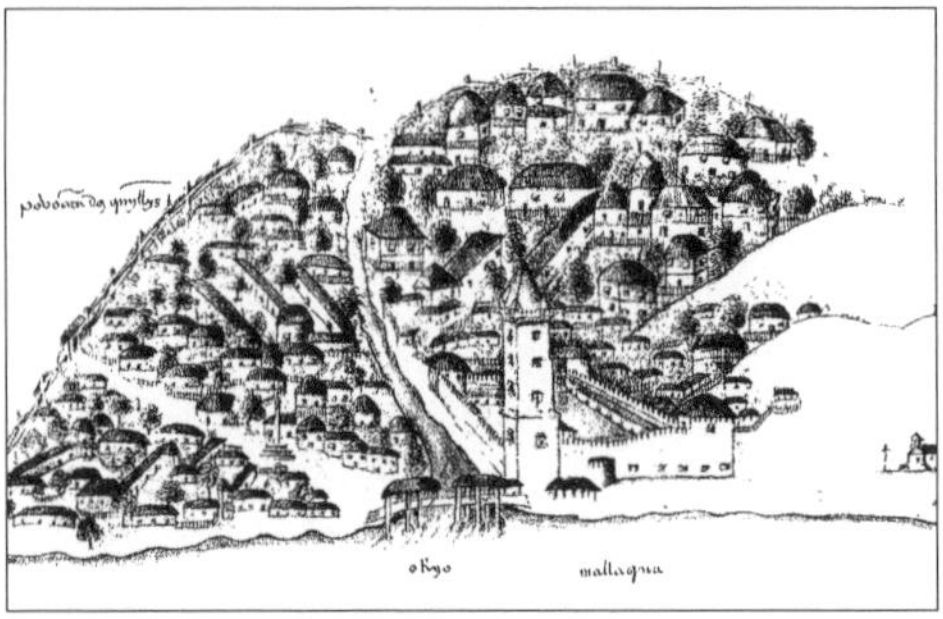

ポルトガル占領時代のマラッカ（十六世紀）　反ポルトガル勢力の攻撃に備えて、町の入り口に城壁をもつ砦をかまえている。

マラッカには、四人の港務長官▲が任命された。第一は西北インドのグジャラート出身者の代表、第二はインドの他地域およびペグー、スマトラのパサイ出身者の代表、第三は他の東南アジア島嶼《とうしょ》部（ジャワ、カリマンタン、東部インドネシア、ルソン）出身者の代表、第四は中国およびチャンパと琉球出身者の代表であった。彼ら港務長官は、彼らの担当地域から商船がくると、商人たちを王家に紹介し、商品の市場への搬入を仲介した。

一般に東南アジアの港市は、ヨーロッパ人が来航し火器を使用しはじめるまで城壁を形成せず、交易を望む商人に門戸を広く開いていた。商人たちは港市支配者に定められた税（あるいは贈物）をおさめれば、市場での商業活動に参画できた。そして外国商人が港市に逗留するなかで、しばしば地元の人びとの日常品市場にまで参入したり、宮廷に出入りして影響力を行使することも起こった。

ポルトガルをはじめとするヨーロッパ人の東南アジア海域への参入も、こうした環境下でなされた。一五〇九年はじめてマラッカを訪れたポルトガルは、この港市の重要性に着目し、一五一一年艦隊でこの地を攻撃し占領した。ポルトガルはさらにモルッカ諸島のテルナテにも拠点をかまえ、テルナテ、マラッカ、インドのカリカットおよびゴア、ペルシア湾のホルムズを拠点として、ヨーロッパへの香辛料の独占取引体制を築きあげようとした。これにたいし、グジャラート商人をはじめとする多くの商人たちが、ポルトガルの交易独占▲と高関税政策に反発し、マラッカを避けた。かわって北スマトラのアチェ、西ジャワのバンテン、マラッカ海峡のジョホール、シャム湾のアユタヤなどが繁栄しはじめた。

アチェは十五世紀末にアチェ川河口に成立した港市国家であるが、十六世紀前半に北スマトラの沿岸部に勢力を拡大し、反ポルトガルの中心的存在となった。アチェはその後十七世紀前半にかけて、マラッカ海峡域や中部スマトラの港市にも影響力を拡大した。アチェは胡椒《こしょう》、金、森林生産物の輸出港として、オスマン帝国▲をはじめとする西アジアやインドの商人、ポルトガル以外のヨーロッパ人商人、中国人商人、東南アジア他地域の商人たちが寄港する港となった。

アチェの最盛期の支配者スルタン・イスカンダル・ムダ(在位一六〇七〜三六)

▼ポルトガルの交易独占　アジアに進出したポルトガルは、香辛料などの有用な商品の流通を管理しようとした。そして、航行許可証(カルタス)の発行や艦隊の巡視活動により自己の港市への寄港を強制するなどの領海化政策を展開した。

▼オスマン帝国　中央アジアから西アジアのアナトリアへ移住したトルコ人が十三世紀末に建国したイスラーム国家。一五一七年エジプトのマムルーク朝を滅亡させメッカとメディナの保護権を獲得した。これ以降、オスマン帝国はスンナ派のイスラーム世界の盟主の地位を占めた。

ポルトガル船と対戦するためにアチェが設けた砦

の時代に編纂された『アチェ王統記』によれば、王国の繁栄はオスマン帝国のカリフからも讃美され、イスカンダル・ムダは古えのアレクサンダー大王の再来と讃えられたという。アチェは、アレクサンダー大王の血統を引くと唱えたマラッカ王国の後継者であり、またオスマン帝国と並ぶ世界帝国であると主張したのであった。

　また十六世紀に繁栄したドゥマクや十七世紀に隆盛したバンテンやジョホールも、王国が中国ならびにイスラーム世界と関係をもっていたとする。ドゥマクは十五世紀終わりに建国され、マラッカに米を輸出する港として栄えたが、マラッカがポルトガルに占領されると、ジャワにおけるイスラーム勢力の中心的存在となった。のちの十七世紀にジャワで隆盛したマタラム王国が編纂した『ジャワ国縁起』▲によれば、ドゥマク王国の建国者は、マジャパヒト王国の最後の王ブラヴィジャヤと、その妻の中国人王女とのあいだの王子ラデン・パタであるという。

　マジャパヒトは、その建国者ラデン・ヴィジャヤが、ジャワに上陸した元の遠征軍▲を撃退して東部ジャワに建国した王国で、十四世紀後半には東南アジア

再建されたイスカンダル・ムダの墓

▼**『ジャワ国縁起』**　マタラム王国の全盛期のスルタン・アグン（在位一六一三〜四六）治世下で編纂されたジャワ語の史伝書（『ババッド・タナ・ジャウィ』を指す）。その後、修正や増補が加えられ、多数の異本が生まれた。

▼**元の遠征**　一二九二年末に出発した元軍は翌年ジャワに上陸した。シンガサリ王朝末期の混乱期にあたり、東部ジャワのクディリまでラデン・ヴィジャヤの導きで進軍したが、のちに撤退をよぎなくされた。元は東南アジアではほかにも、ビルマ、チャンパ、ベトナムへ遠征した。

島嶼部で最大勢力を誇った。その王と中国王女との婚姻により誕生したラデン・パタは、マジャパヒト王家の後継者で、かつ中国とも関係をもった。彼はチャンパ▲の王女を母にもつラデン・ラフマットに導かれ、イスラームに改宗したという。ラデン・パタは、父のマジャパヒト王ブラヴィジャヤに臣従の礼を求められたが、ブラヴィジャヤがイスラームを受容しないことからこれを拒否し、マジャパヒト王国を滅ぼし、ドゥマク王国を建国したと『ジャワ国縁起』は伝える。

　史実としてマジャパヒト王国が滅んだのは一五二七年ころであるので、ドゥマクの建国時期とは一致しない。しかし『縁起』は、ドゥマクを中心とするジャワのイスラーム勢力の台頭が、マジャパヒトの滅亡を決定づけたことを語っているといえよう。

　パタの孫のトルンガナ(在位一五〇五頃〜一八、二一頃〜四六)の時代、ドゥマクはジャワの中・東部沿岸に覇権を唱え、西部においてバンテン王国の建国▲を支援した。『バンテン王統記』(十七世紀後半)によれば、バンテン王国を建国したのは、トルンガナの妹と結婚したスナン・グヌンジャティという人物であっ

▼チャンパ　二世紀末ころチャム族がベトナム中部のフエ付近に建国し、十七世紀まで存続した王国。四世紀末以降インド文化を受容し、その後西アジア、南アジアと中国を結ぶ海上交易によって繁栄した。

▼バンテン王国の建国　バンテン王国の建国は、一五二四〜二五年ころと推定されている。一五二七年にバンテンは、ポルトガルがパジャジャラン王国から獲得しようとした西ジャワの港市スンダ・クラパからポルトガル人勢力を追放し、これをジャヤカルタ(略称ジャカルタ)と命名。

バンテン王国王宮跡

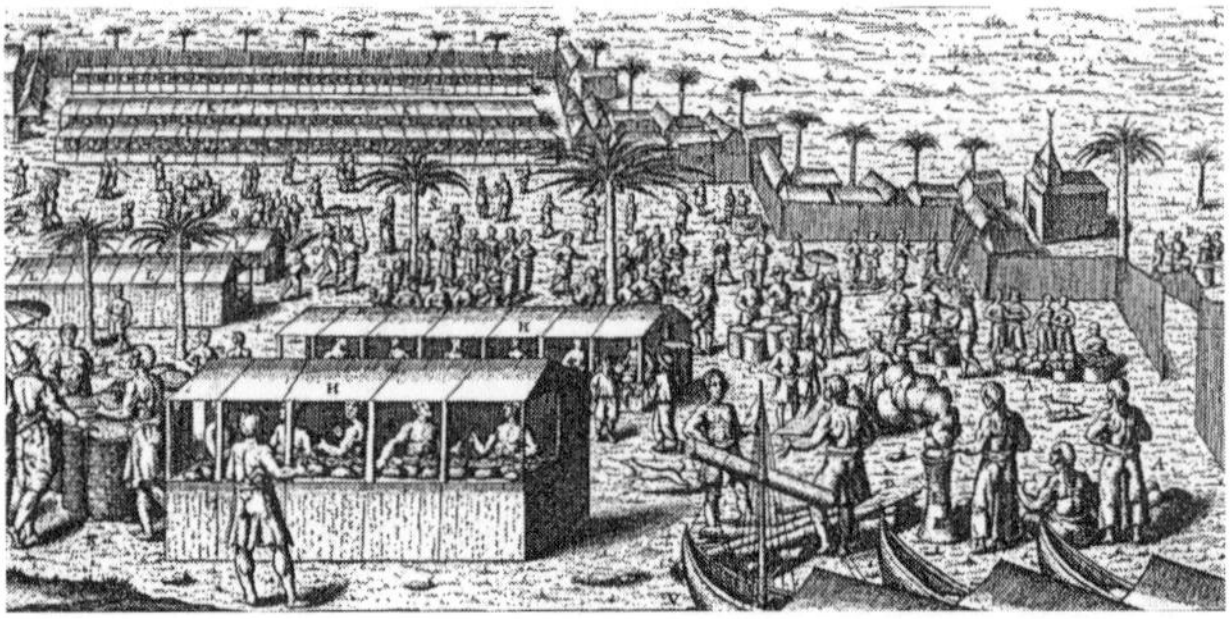

バンテン王国の市場（一五九六年）　中央の小屋と右端の垣根の外で香辛料を売っている。服装から多様な地域からの商人が集まっていたことがうかがえる。

た。彼はパサイの出身で、メッカ巡礼をおこなったと伝えられており、イスラームの先進地で活動したとされる。彼はドゥマク王国の支援のもとに西部ジャワに拠点をかまえた。

彼のあとを継いだハサヌディン（在位一五五二〜七〇）は、南部スマトラの胡椒の生産地を影響下におき、バンテンを胡椒の積出港として発展させた。バンテンは中国向け胡椒の主要輸出港となり、ジャワ人やマレー人商人をはじめ、トルコ、アラブ、ペルシアからの西アジアの商人や、グジャラートや南インド、ベンガルからの南アジアの商人、中国人商人、ポルトガル、イギリス、オランダやデンマークからのヨーロッパ人商人たちを引きつけ繁栄した。

またマラッカ王家の血統をもったジョホール王国は、一六四一年にオランダがポルトガルにかわりマラッカを占領するのに協力し、以降ジョホールはオランダやアチェと良好な関係を保ちつつ、マラッカ海峡を通る商人たちを引きつけた。十八世紀後半のジョホールの人びとの語ったところによれば、ジョホール王はその祖先がアレクサンダー大王の息子であり、中国王、オスマン帝国のカリフと兄弟であったという。

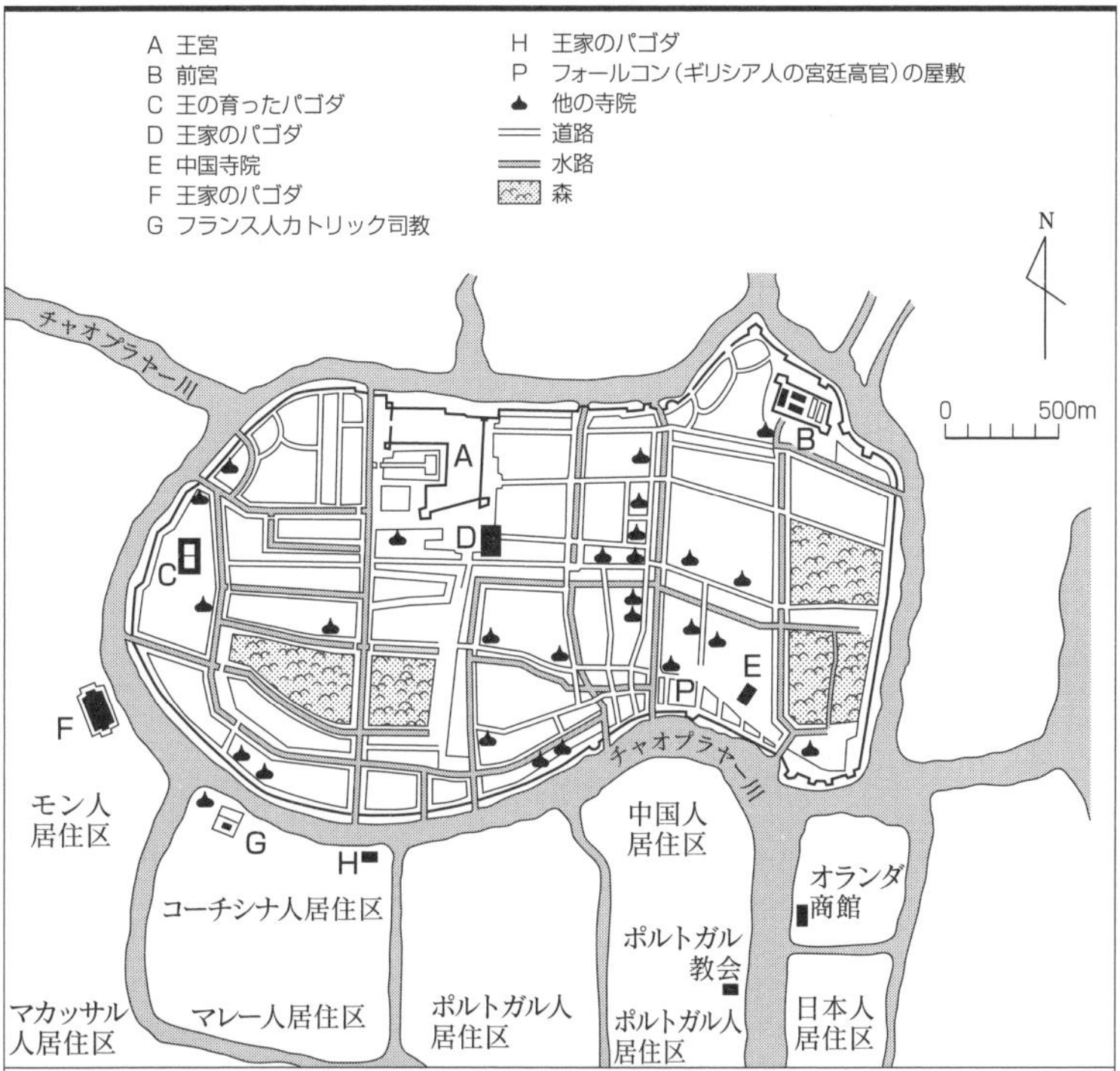

●——一六八七年当時のアユタヤ

●——アユタヤのナライ王に接見するルイ十四世の使節

さらに前章で取り上げたアユタヤも十六前半・十七世紀には繁栄の時期をむかえていた。アユタヤは、米や蘇木《そぼく》、象牙、沈香《じんこう》、鹿皮などの森林生産物を輸出できた。シャム湾の立地を生かし、アユタヤは近接する東アジアとの交易を盛んにする一方、マレー半島横断ルートを押さえてメルギやテナセリムにも外港をかまえ、ベンガル湾さらにペルシアなどの西方世界との交易にたずさわった。

十七世紀に全盛期をむかえたアユタヤには、中国人や日本人、マレー人やベトナム人さらにはモン人▲などの東南アジア域内の商人、インド人、ペルシア人、アラブ人、ポルトガル人やオランダ人などが多数居住するようになった。一六八五年にフランスのルイ十四世▲の派遣使節に随行してアユタヤを訪れたド・ショワジによれば、四三カ国にのぼる居住者が派遣使節に挨拶したという。

このように東南アジア海域世界の主要港市には、多様な他地域からの人びとが逗留した。彼らは一般に出身地ごとに居住区を形成したが、港市内における各集団の隔たりは決して固定的なものではなく、市場での商業活動をとおして他地域出身者との交流さらには通婚もしばしばなされた。海域世界はこの時期

▼モン人　タイの中部や西部、ビルマ南部に居住し、オーストロアジア語族のモン・クメール語族に属するモン語を使用。早くからヒンドゥー文化、上座仏教を取り入れ、東南アジア大陸部における上座仏教の普及に寄与し、ペグー王国を建国した。

▼ルイ十四世（一六三八～一七一五、在位一六四三～一七一五）　フランス・ブルボン朝の王。太陽王とも呼ばれ、「朕は国家なり」を唱えたとされる絶対王政期の君主の典型とされる。

▼オラン・カヤ　一般にマレー系の港市国家の貴族を指す。有力な外来商人のなかには、特定の港市国家の支配者との良好な関係を築き、この称号を授与されて貴族の地位を認知された者がいた。

モルッカ諸島バンダのオラン・カヤ（右から二人目、一六〇〇年頃）うしろに隷属民の兵士を従える。中央はトルコ人商人。

▼**イブン・バットゥータ**（一三〇四〜六八／六九）　モロッコのタンジール出身のベルベル系アラブ人旅行家。アジア、アフリカの各地やスペインのグラナダを三〇年間にわたって旅し、その体験を『三大陸周遊記』にまとめた。

その利害をめぐってしばしば港市間の抗争が生じたが、いずれの港市も来航する商人たちを数多く獲得することが必要であった。彼ら商人のなかにはこれらの港市に長期間滞在し、オラン・カヤ（富裕者）と呼ばれる商業エリートとなって、王家とも緊密な関係を形成する者もでた。

世界秩序の希求

多様な出身地の人びとの集う港市において、支配者は統合のために世界秩序を模索した。海域世界におけるイスラームと大陸部における仏教の隆盛はその典型である。

東南アジアのイスラーム化は、十三世紀の終わり以降進展したが、初期におけるその中心は、パサイであった。『パサイ王国物語』にはムラ・シルの改宗後も、歴代のスルタンがイスラームを熱心に信奉したことが述べられている。そのことは、この地を訪れた旅行者の記録からもうかがうことができる。一三四五年にサムドラ（パサイ）を訪れたイブン・バットゥータは『三大陸周遊記』のなかで、この地のスルタンが敬虔なムスリムであることを記している。また

▼『**東方諸国記**』　ポルトガル人トメ・ピレスが著した見聞録。十六世紀初期の西アジアから中国にいたるアジア各地にかんする貴重な歴史文献である。原題は『紅海からシナ人の国までを取り扱うスマ・オリエンタル（東洋の記述）』である。

パサイ王族の墓（十五世紀初め）
西北インド産の墓石。

十六世紀はじめにマラッカを訪れたポルトガル人トメ・ピレスのえた情報によると、十五世紀前半にパサイとマラッカとの友好関係が形成され、パサイからマラッカにムスリムの富裕な商人が移住したという。ピレスは『東方諸国記』▲のなかで、以下のように述べている。

かれらはペルシア人、ベンガラ〔ベンガル〕人、およびアラビア人のイスラム教徒であって、この時代にはこの三つの国から多数の商人が出て来て、大きな取引をおこない、また財産があってたいへんに豊かであった。かれらは、上記の地域から出て来て同地〔パサイ〕に居留し、かれらの商品を売り捌いていた。かれらはマファメドの宗派（イスラム教をさす）のモウラナすなわち学識ある僧侶を連れて来ていた。（かれらは）主としてアラビア人で、これらの地域で上記の宗派の知識によって尊敬されているのである。

（〔　〕は筆者注）

インド洋交易において重要な役割を担うムスリム商人たちを引きつけ、また多様な出身地からのムスリム商人をかかえたパサイの支配者の信奉するイスラームは、当初より「正統な」ものでなければならなかった。アラブ人の「モ

アチェのモスク　オランダ植民地時代に再建されたもの。

ウラナ」(マウラナ。イスラームに詳しい人にたいする尊称)が重視されたのは、こうした理由からであった。また『パサイ王国物語』において、ムラ・シルのイスラームへの改宗が、夢でムハンマドに導かれ、かつムハンマドの遺言に従ったメッカ出身のシャイフ・イスマイルによってなされたと唱えたこと自体が、そうした姿勢をあらわしているといえよう。同様にマラッカ王国の『ムラユ王統記』も、ムハンマドと夢で交信したラジャ・トゥンガがアラブ人のサイード・アブドゥル・アジズによってなされたとしている。マラッカにおいても、多様な出身地の人びとを統合するために、アラブ出身のマウラナが重用された。

こうした「正統」イスラームへの志向は、十六世紀中葉以降西アジアと東南アジアとの直接的な往来が活発になると、いっそう強まった。さきにも述べたように、ポルトガルの交易独占に対抗したアチェは、反ポルトガルの中心的存在となり、一五三〇年代以降インド洋を介してオスマン帝国と接触をもつにいたった。

アチェの王家は、アラブ出身のウラマーたちを積極的に受け入れた。十六世紀の後半のスルタン・アリ・リアーヤット・シャー(在位一五六八〜七五)は、エジプト出身でメッカで活躍していたシャーフィイー派▲のウラマー、ムハンマド・アズハリーをむかえいれた。彼は、一六三〇年に没するまでアチェに滞在した。またつぎのスルタン・マンスール・シャー(在位一五七七〜八六頃)は、メッカからシャイフ・アブドゥル・カイルとムハマンド・ヤマニー、そしてグジャラートからムハンマド・ジャイラニをむかえいれた。ジャイラニは、その後メッカにわたり神秘主義▲をおさめたあと、スルタン・アラウッディン・リアーヤット・シャー(在位一五八八〜一六〇四)の時代にふたたびアチェにやってきて、十七世紀中葉まで滞在した。彼らウラマーたちは、アラビア語の読み書きをスルタンに教え、また教義の解釈について討議し合った。アチェの宮廷年代記『ブスターヌス・サラティーン』(十七世紀中葉)によると、スルタン・マンスール・シャーは臣下たちにアラブ風の服装をするよう命じたという。

十六世紀終わりころより、スマトラ出身者でメッカで学んだのちにアチェに帰還し、活躍する学者もあらわれた。イブン・アラビー▲の流れを汲む神人合一の神秘主義の教義をおさめたハムザ・ファンスーリーは、東南アジア海域世界で神との合一に到達することの重要性を、マレー語の四行詩で説いた。同じく

▼シャーフィイー派　スンナ派イスラームの法学派の一つ。九世紀に創始され、十五・十六世紀以降にインドのマラバール海岸やコロマンデル海岸、東南アジアや東アフリカで勢力を拡大した。ガザーリーなどの高名な学者を輩出した。

▼神秘主義　一般にスーフィズムと呼ばれるイスラーム神秘主義で、禁欲的な修行の実践をとおして、神との直接的な交流を達成しようとした。十三世紀ころから多くの教団が結成され、各地で活発な布教活動を展開した。東南アジアのイスラーム化に多大な影響を与えた。

▼イブン・アラビー(一一六五〜一二四〇。南スペインのムルシア出身のイスラーム思想家)　イスラーム神秘主義の存在一斉論を展開したことで知られる。彼の思想的影響力は、弟子たちの活動をとおしてイスラーム世界のほぼ全域におよんだ。

バンテンにいたカーディー（ターバンを巻く）**と宮廷貴族**（一五九六年）

▼イスラーム裁判官　イスラーム法の適用を職務とする者で、通常「裁判官」と訳されるカーディーの職務は、司法だけでなく、モスクや寄進された財の管理をはじめ行政の領域に属する事柄にもおよんだ。

神秘主義をおさめたパサイ出身のシャムスッディン・パサイは、スルタン・イスカンダル・ムダに重用され、王権の強化に寄与し、外務大臣としても活躍した。また十七世紀の中葉には北スマトラ出身のアブドゥル・ラウーフ・シンケルが、二〇年にわたるメッカ留学ののちにアチェに帰還し、スルタンに重用され、司法制度の整備に貢献した。アブドゥル・ラウーフはアラビア語で書かれた代表的なコーラン注釈書のマレー語完訳を成しとげ、彼のマレー語コーラン注釈書は、その後広く東南アジアで用いられるにいたった。

　こうしてアチェは、東南アジアのムスリムの中東世界への玄関口となった。またメッカでの滞在から帰還した東南アジアのムスリムたちの逗留する地となり、「メッカのベランダ」と呼ばれるようになった。

　十七世紀には、アチェのほか、バンテンや中部ジャワのマタラム、マカッサル、パタニでも同様に、支配者がイスラーム法の遵守に熱心であった。バンテンやマタラム、マカッサルはいずれも十七世紀前半にメッカに使節を送り、王はスルタンの称号をえた。またバンテン、パタニでも、アラビア語を話すイスラーム裁判官（カーディー）▲が王室で重用された。こうしたアラブ人法学者の重用は、十八世紀に東西交易の中継港として隆盛したパレンバン王国や、マラッカ海峡のリアウ王国においてもみられた。東南アジア島嶼部やマレー半島の支配者たちは、中東との関係を強化し、自らがイスラーム世界の一員としての意識を高めた。

また十一世紀にビルマで受容されたのを皮切りに、十四世紀以降東南アジア大陸部各地で本格的に展開をとげはじめた上座仏教も、ベンガル湾をめぐる交易活動の活性化とともにビルマ、シャム、ラオス、カンボジアで盛んになった。ペグー、アユタヤ、ルアンプラバン、カンボジアでは、国王は領域を拡大した王国の統治のために仏教を積極的に信奉し、熱心に寺院を建設した。そして国王の庇護のもと僧院が組織化され、僧侶たちの活動が活性化した。僧侶たちのスリランカの聖地巡礼▲が盛んになり、教典研究も進展をとげた。王は、仏法の擁護者であり、また王国に安寧と繁栄をもたらすよう努めねばならなかった。

国を豊かにするために王は海外交易に熱心となった。最初に述べたアユタヤやペグーはその代表であった。王都にムスリムやクリスチャンをも含めた多様な人びとの滞在を許すことは、王が功徳を積む行為の一環とみなされた。また、

▼**スリランカの聖地巡礼**　東南アジアの大陸部に広まった上座仏教はスリランカの大寺派(マハーヴィハーラ)で、その発祥の地は古都アヌラーダプラの南部近郊の地。タイやビルマから十三世紀以降この地への巡礼者がふえ、彼らは王室の庇護をえた。

▼**中華の国際秩序**　中国は、自らを中華と美称し、周辺異民族を戎狄蛮夷(じゅうてきばんい)と呼んで蔑視したが、天子は天下に君臨して異民族を徳化するものと考えた。このため周辺諸勢力が交渉を求めると、朝貢という形式でそれを許し、その存在を保障し交易も認めた。

▼**冊封体制**　中国が周辺諸国を従属させた政治体制。原義は、中国の君主が臣下に爵位を授けて封建するの意。被冊封国は中国にたいして定期的な朝貢などの義務を負い、中国側は被冊封国の国際的地位を保障した。

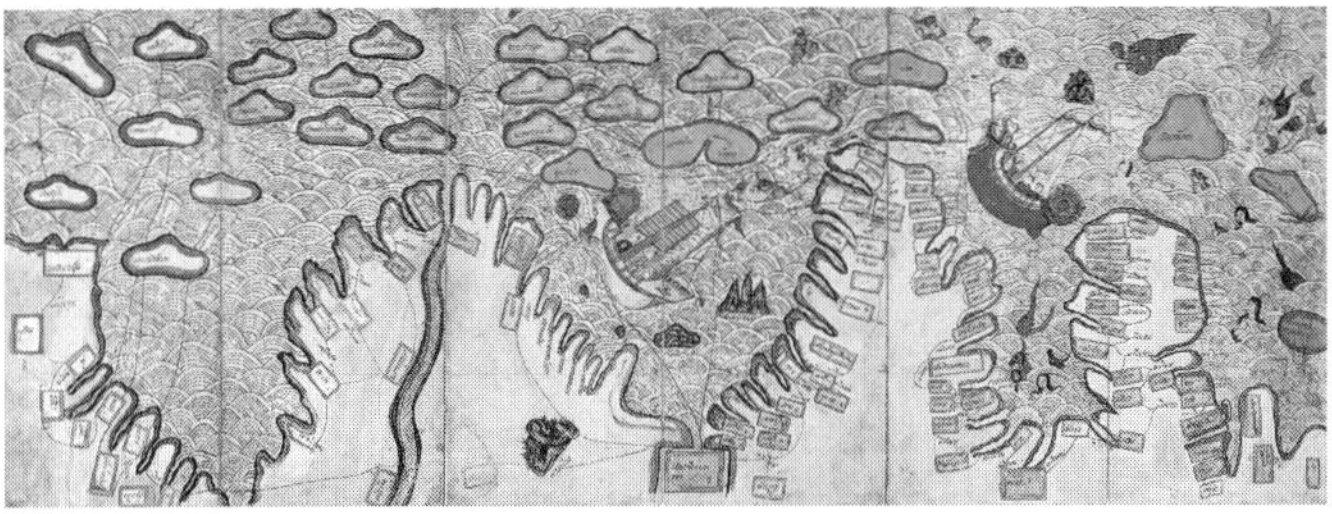

シャム人の描いた地図（十八世紀後半）　東アジアから南アジアまで描かれ、中央がアユタヤ。

人びとのあいだで係争が生じたとき、王は紛争調停者の役割を担った。王はこれに対応するため、法典の整備に熱心となった。

そして今まで述べてきた港市の支配者たちはまた、中華の国際秩序▲も重視していた。パサイやマラッカはイスラーム受容に熱心であるとともに、明朝にも入貢した。仏教を熱心に信奉したアユタヤも同様である。とりわけアユタヤとマジャパヒトにはさまれた位置に建国したマラッカにとって、明朝の冊封体制▲に服することは、その存在を周辺勢力に認めさせることを意味し、重要であった。一四一〇年代から三三年にかけてマラッカは頻繁に明に入貢し、この間マラッカ王自身が五回入貢したことは、朝貢した三十余国のなかでも突出した例であった。一四二〇年代から三一年にかけてマラッカはしばしばアユタヤから侵攻された。明朝はマラッカからの訴えを受け、そのつどアユタヤに戒諭を発した。マラッカにとっては、その存在を保障されるとともに、中国との交易がこれにより促進された。

③—地域世界の形成

神聖王神話の成立——内陸農業空間の発展

国際貿易港となった港市は、他方で地域の結節点でもあった。十五〜十八世紀の交易活動の活性化は、港市と後背地との関係の強化をもたらし、内陸産品の集荷体制を確固たるものとした。このことは港市の影響力が内陸部に強くおよぶことを意味したが、港市は内陸部の生産活動まですべて統制下におくことはできなかった。というのは、港市自体が食糧を内陸部あるいは海外からの輸入に頼っており、そのうえさらに商品をもたらす後背地にまで食糧を供給することはほとんど不可能だったからである。このことは、後背地が商品を搬出しつつ、同時に自らの生産活動を保障しうる体制をつくらなければならないことを意味した。港市支配者が、内陸民との関係構築において地元の原理を無視できなかった大きな理由の一つは、この点にあった。

こうした状況下、農業空間が港市周辺に発展しにくかった島嶼《とうしょ》部では、後背地に農耕をつかさどる権威が台頭した。スマトラ島中央部の養分豊かな火山性

▼**パガルユン王家**　十四世紀中葉アディティヤヴァルマンがマジャパヒト王国より独立して、ミナンカバウ内陸部の肥沃な水田地帯で金鉱山を有したタナダタルの地に開いた王家。十九世紀初めに展開したイスラーム改革運動のなかで滅亡。

タナダタル　パガルユン王家関係の碑文が残る。

土質よりなるミナンカバウの山間盆地に君臨したパガルユン王家▲は、内陸部の権威の典型であった。十四世紀中葉に成立したこの王家は、十五〜十六世紀初めには中部スマトラだけでなく、広くスマトラの内陸部で影響力を行使した。『ムラユ王統記』はすでに述べたように、ブキット・シグンタンに降臨した三人の王子の長男がミナンカバウの王としてむかえられたとしている。ミナンカバウはスマトラ東岸を介して、マラッカに金や森林生産物を搬出したのであった。

十六世紀中葉以降隆盛し中部スマトラの港市を影響下においたアチェも、胡《こ》椒《しょう》や金を搬出した内陸部の権威を無視できなかった。十七世紀中葉以降ジョホールが繁栄しはじめると、この港市にとってもミナンカバウの権威中枢は重要であった。十八世紀後半にマースデンが収集したジョホールの人びとの話は、ジョホールとミナンカバウ王との関係を以下のように語っている。

イスカンダル〔アレクサンダー大王〕は海に潜り、海の王の娘と結婚したという。彼はそれにより三人の息子を設け、彼らが成人すると母親は三人を父のもとに送り届けた。父親は彼らに王冠を授け、彼らに落ち着くべき王

パガルユン王家の宮廷（復元）

▼ルム王　東ローマ帝国を滅ぼしその首都をイスタンブルと改めたオスマン帝国のカリフは、イスラーム世界の盟主を唱えるとともに、東ローマ帝国の後継者をも自称した。このため、しばしばルム（ローマ）王とも呼ばれた。

国を探すよう命じた。シンガプラ海峡に着いたとき、三人はだれの頭に王冠がぴったり合うのかためすことにした。長男がまず試みたが、冠が頭まであげられなかった。次男も同じであった。三男がもう少しのところで頭にかぶりそうになったとき、冠が手から海に落ちてしまった。そこで長男は西に行きルムの王となり、次男は東へ行き中国の王となった。三男はジョホールにとどまった。そのころプルチャ島（スマトラ）はまだ海中からあがっていなかった。島があらわれはじめたとき、ジョホール王は釣をしていて、島がシ・カティムノという大蛇によってつぶされそうになっているのを見た。王はシマンダンギリという剣で大蛇を殺したが、剣は一九〇の欠け目ができた。島はこうしてあらわれることができ、王は火山のふもとに行って住みつき、その子孫がミナンカバウの王となった。（*The History of Sumatra*）

前半の部分は『ムラユ王統記』と類似点をもっているが、『王統記』に登場したチョーラ王は姿を消し、アレクサンダー大王自身が海の王の娘と結婚して、オスマン帝国のカリフを意味するルム王▲、中国王、ジョホール王となる三人が

▼**大蛇**　ヘビは、広く東南アジアで日本の竜神に似た神として祀られ、一般に「ナガ」と呼ばれる。水界をつかさどる存在としばしばみなされ、降雨とも関係する。地下に居住し、その位置を変えることにより地震を起こすともされる。

現在のバルス

そのあいだに誕生したとしている。この話によれば、ミナンカバウ王の祖先はジョホール王であり、ジョホール王家とミナンカバウ王家とが血縁関係にあるとされた。またスマトラ島があらわれはじめたとき島をつぶそうとしたシ・カティムノという大蛇▲は、水界の象徴といえる。スマトラ島の神話には水を統べる存在として大蛇がしばしば登場する。これをシマンダンギリという剣で制し、スマトラ島を誕生させたミナンカバウ王の祖先は、水界を制する力をもち、かつ大地を統べる存在といえよう。

ミナンカバウのパガルユン王は、自らもスマトラの山の王を自任した。そして大蛇を制したとされるシマンダンギリを、パガルユン王家は家宝として保持した。王は農耕に重要な雨や水をつかさどることができ、大地とそこからとれる鉱産物を統べる存在であった。ジョホール王家をはじめ、スマトラ東西岸の周辺港市支配者もこの内陸部の権威を尊重し、自らの出自をパガルユン王家としばしば結びつけた。

同様の内陸部の農耕をつかさどる権威は、北スマトラのバルスやデリの後背地のトバ湖畔の稲作地帯においても形成された。バルスは古くから上質の竜脳《りゅうのう》や安息香、金の積出港として知られていた。十六世紀初めピレスがこの地を訪れたとき、東岸のパサイやアルからの商人も商品を持ちよるきわめて繁栄する港市となっていた。このころ成立していた下バルス王家▲の伝承によると、初代下バルス王イブラヒムは、バルスに町をつくる前に内陸部を巡回し、彼の代理を任命したという。

イブラヒムが訪れたのは、森林生産物の産地のシリンドゥンとパッサリブおよび稲作地帯のトバ湖畔バッカラであった。十七世紀後半にオランダ東インド会社がバルスに商館を設けたときの記録は、シリンドゥンとパッサリブの人びとがバルスに良質の安息香▲をはじめとする森林生産物を持ちよったことが記されている。バルスの繁栄は内陸住民による産物の採集や栽培、搬出に負っていたが、バルスは食糧を輸入に頼っており、それを内陸産地にまで供給することはできなかった。

この意味でトバ湖畔の稲作地バッカラは重要であった。下バルス王家の伝承によると、イブラヒムはその地にしばらく滞在し、一首長の娘と結婚したという。彼は、妻とのあいだに生まれる子どもをシンガ・マハラジャと命名し、彼

▼下バルス王家　十六世紀初めころバルスの海岸部近くに王都をかまえる。バルスには、少し内陸部に上バルス王家が併存。下バルス王家は、安息香の産地のトバ地区と、上バルス王家は、竜脳の産地のダイリ地区と、それぞれ緊密な関係を形成。

▼安息香　スマトラ、タイやマレー半島の山間部に自生しまた栽培される高さ一五メートルに達する常緑樹。幹に傷をつけて樹脂をえる。薬剤や薫香料に用いられ、スマトラ産が最良品とされた。

▼シ・シンガ・マンガラジャ　十六世紀ころから一九〇七年まで存在した神聖王。農耕に豊穣をもたらす存在とみなされた。また内陸部と沿岸港市との関係が混乱したとき、調停役となった。一九〇七年植民地化をはかるオランダにより、王位が廃絶される。

の代理とすること、そして定期的にイブラヒムのもとに貢納をするよういい残してその地をあとにしたと伝えられている。

トバ地区の人びとはシンガ・マハラジャのことをシ・シンガ・マンガラジャ▲と呼び、農耕に豊穣をもたらす存在として尊崇した。トバの人びとは、シ・シンガ・マンガラジャをイブラヒムの息子ではなく、バタラ・グル（シヴァ神）▲の化身であるとみなした。バッカラの人びとの伝承によると、バッカラの一首長の妻は結婚して三年しても子どもがなかったところ、ある日天より降ったジャンブ・バルスの実を食べ、身ごもったという。やがて天界より燕が飛来し、その子の父はバタラ・グルであり、シ・シンガ・マンガラジャと命名するべきことが告げられた。その子は、雷鳴がとどろき、暴風雨となり、精霊がうろつくなかで誕生した。シ・シンガ・マンガラジャは生来、稲作に重要な水や降雨をつかさどる存在として人びとの信仰を集めた。

歴代のシ・シンガ・マンガラジャは、トバの人びとより「外界の神聖王」▲が住むと信じられたバルスの沖の小島に貢物を届けるために、定期的にバルスの王家を訪れた。下バルス王家とトバの人びととのあいだには、シ・シンガ・マ

▼バタラ・グル　ヒンドゥー教の主神の一つ。バタラ・グルは「至高神」の意味で、東南アジアではシヴァ神を指す名称として一般的に使用された。元来は破壊をつかさどる神であったが、同時に創造神としても信仰され、王自身がシヴァの化身をしばしば唱えた。

▼「外界の神聖王」　トバの人びとの伝承によると、彼らの祖先の一人ラジャ・ビアクビアクは、神より不死身の力を授けられ、バルスの沖の「外界の聖地」と呼ばれる小島に住んでいるとされた。シ・シンガ・マンガラジャはこの神聖王より、王としての権限を授けられたという。

シ・シンガ・マンガラジャの家屋（復元）　トバ・バタックの伝統的な様式の家屋。

トバ湖畔の水田

ンガラジャをめぐって解釈の相違があるものの、こうした慣行により、両者の関係は十九世紀後半に植民地支配がおよぶまで安定的に維持された。またこの豊穣をつかさどる王はアチェのスルタンからもその権威を認められ、同様にアチェからその存在を認められた東岸港市のデリやアサハンのスルタンとも良好な関係をかたちづくった。下バルス王家はこの王をイブラヒムの息子とみなしたが、下バルス王やアチェのスルタンは、シ・シンガ・マンガラジャにイスラームを強要しなかった。むしろ内陸部の農耕文化をつかさどる権威を認めることで、港市・後背地関係を維持しようとした。

また、スマトラ同様十六〜十七世紀のジャワにおいても、つぎに述べるように港市の隆盛に対応して新たな内陸農業空間が発展をとげた。この点は、港市に比較的近接した河川流域で稲作が展開した大陸部の場合は、島嶼部とやや状況が異なるが、アユタヤやペグーに森林生産物を搬出した後背地の事情は同じであった。この時期これらの地では仏教が広まったが、そこでは農耕に重要な水や土地をつかさどる祖霊や守護霊が信仰されつづけた。

ジャワのマタラム王家とオランダ東インド会社

　ポルトガルをはじめとして、十六世紀後半から十七世紀にはスペインやオランダ、イギリスなどのヨーロッパ勢力も東南アジア海域の港市に拠点をかまえはじめた。十九世紀になるまでこれらヨーロッパ人の活動に、本国からの意向はおよびにくく、また彼らはスペイン領のフィリピンを除き広域に植民地支配を展開できる力をもっていなかった。このためヨーロッパ人の港市と周辺後背地との関係は、多分に当時の東南アジアで展開した状況を反映するものとなった。バタヴィアに拠点をおいたオランダ東インド会社▲と中部ジャワを拠点としたマタラム王国との関係も、その一つである。

　ジャワ北岸で十六世紀前半にドゥマクが、続いて十六世紀後半から十七世紀初めにかけてジュパラ、スラバヤが米の輸出港として繁栄した時期、中部ジャワの内陸部にパジャンとマタラムの二つの農業国家が台頭した。『ジャワ国縁起』によれば、ドゥマク王の命を受けたジョコ・ティンキルは、中部ジャワのスラカルタの地にパジャン王国▲を樹立した。同じころ近接するジョクジャカルタのマタラムの地に、パジャン王の命を受けてパマナハンが勢力を扶植したと

▼**オランダ東インド会社**　東インドとの香辛料貿易に多数参入した貿易会社を統合して一六〇二年に設立された世界最初の株式会社。喜望峰をこえると国家に準じた権限を託され、バタヴィア(ジャカルタ)を拠点にアジア交易をつかさどった。一七九八年に解散。

▼**パジャン王国**　十六世紀なかごろからマタラム王スナパティに併合される一五八七年ころまで存在。パジャンにかんするほかの同時代史料はほとんど存在しないが、のちにこの王国をあわせたマタラムの王統記『ジャワ国縁起』のパジャンをめぐる記述は、かなり信憑性が高いものと考えられる。

いう。『ジャワ国縁起』は、パマナハンもドゥマク王同様、マジャパヒト王家の子孫であるとしている。

パマナハンの息子のスナパティ(在位一五八四～一六〇一頃)の時代、マタラム王国は基盤を確立する。『ジャワ国縁起』によれば、スナパティは南の海の女王ニャイ・ロロ・キドゥルと交信し、王家にたいする守護をえることができた。このニャイ・ロロ・キドゥルは、西ジャワのパジャジャラン王国▲の元王女であるという。彼女は苦行のすえに不死身となり、その後インド洋に住む水界を統べる女王であると信じられた。またスナパティは、ジャワのイスラーム化に重要な役割をはたしたとされる九聖人▲の一人、スナン・カリジョゴより、マタラム王国の台頭が神意にかなったものであることを告げられた。ここにスナパティはパジャジャンに戦いをいどみ、これを併合した。

こうして内陸部に基盤を形成したマタラムは、港市との関係を強化するため沿岸部への影響力の拡大を試みた。スナパティは、十六世紀終わりにドゥマクとジュパラを勢力下においた。その息子クラプヤ(在位一六〇一頃～一三)の代になるとマタラムは、さらに東部ジャワの主要港市スラバヤと抗争関係にはい

▼**パジャジャラン王国**　十四世紀から一五七九年まで西ジャワを拠点に存在した王国。バンテンやスンダ・クラパ(ジャカルタ)などの港を有し、貿易をおこなったが、のちに建国されたバンテン王国によって内陸部に後退させられ、滅亡。

▼**九聖人**　十五世紀末から十六世紀にかけてジャワにイスラームを伝えたイスラーム聖者たちで、ジャワ語でワリ・ソンゴと呼ばれる。伝承ではいずれもドゥマクの建国にかかわったとされる。彼らは神から与えられたさまざまな超能力をもち、人びとに奇跡を起こしたという。

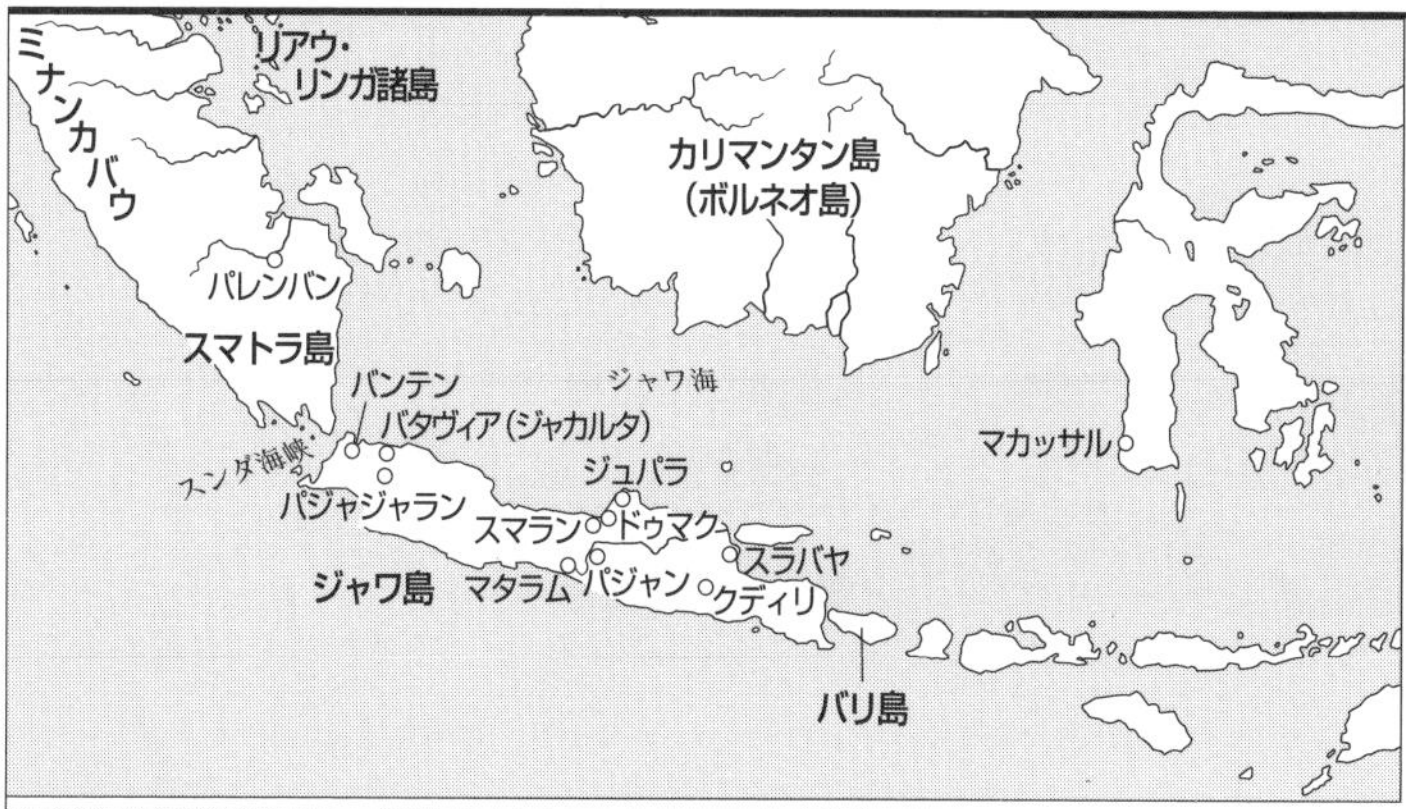

●——ジャワの港市と内陸都市

●——インド洋に面した瞑想所　ニャイ・ロロ・キドゥルとの交信のために設けられた。

●——中部ジャワ海岸から見たインド洋　南嶺山脈がインド洋に接する。

り、クラプヤのあとを継いだアグン(在位一六一三〜四六)は、一六二五年これを陥落させた。

こうして中・東部ジャワの沿岸部を勢力下においたマタラムは、つぎに、西部ジャワのバタヴィア▲に一六一九年以来拠点を確立したオランダ東インド会社と対立するにいたった。一六二八〜二九年に二度にわたりマタラムは内陸部より遠征軍を派遣し、バタヴィアを包囲した。しかしオランダ船の攻撃により食糧補給が絶たれ、バタヴィア攻略はならなかった。アグンの積極的対外政策は続き、パレンバンや南部カリマンタンにも影響力を行使するとともに、一六三九年にはバンテンのスルタンに刺激されてメッカに使節を送り、四一年にスルタンの称号を獲得した。

こうしたマタラムの対外政策は、決して内陸部に拠点をおいたことと矛盾するものではなかった。マタラムの基盤は中部ジャワ盆地の豊かな稲作生産に支えられており、米を多く輸出することが勢力を拡大するうえで重要であった。一方、一六二八〜二九年にマタラムと対峙したオランダ東インド会社がバタヴィアに拠点をおく目的も、ジャワの米を効率よく入手し、かつ船舶用木材を

▼バタヴィア　スンダクラパの河口の町、ジャカルタに建設されたオランダの拠点。オランダは一六一九年に同地を「バタヴィア」(オランダにいた古代民族の一つのラテン名バターフに由来)と改名し、アジアにおける根拠地とした。

十九世紀初めのジャワの農作業
丹念に水田が整備されていたことをうかがわせる。

内陸ジャワからえることにあった。このためオランダとマタラムとは一六四〇年代以降関係が好転し、アグンのあとのアマンクラット一世(在位一六四六〜七七)は、オランダと友好的関係を樹立した。

オランダもまた、マタラムの内陸部における存続を支援した。マタラムは、一六七四〜七九年にマタラムに不満をもった地方貴族勢力の代表であったマドゥラの王族トルーノジョヨ▲の反抗を受け、王都を追われた。アマンクラット一世は逃亡中に死去し、彼の息子はオランダ東インド会社に援助を求めた。オランダはこれに応じ、反乱軍を制圧し、アマンクラット二世(在位一六七七〜一七〇三)の即位を助けた。オランダは代償として、米買付の独占、綿布とアヘンの独占取引、バタヴィアの後背地のプリアンガンおよび沿岸港市スマランなど領土の割譲をマタラム側に認めさせた。

オランダはその後も十八世紀初めから中葉にかけてマタラム王室に王位継承戦争が起こると、王室関係者からの支援の要請にこたえて戦争に介入した。そして新王の即位を援助する代償として、利権の拡大を要求した。こうしてオランダは王家の内紛に介入したが、マタラム側はオランダが常時ジャワ内陸部に

▼**トルーノジョヨ**(一六四九頃〜八〇)　一六二四年にマタラム支配に服したマドゥラ君主の子。アマンクラット一世の強権的政策に反抗し、一六七四年に反抗を起こし、一時は人びとを引きつけたが、七九年オランダ軍にとらえられ、アマンクラット二世により処刑される。

君臨できる力をもっているとはみなしていなかった。一七五七年に第三次ジャワ継承戦争▲が結着をみ、マタラム王家はジョクジャカルタのスルタン王家、スラカルタのススフナン王家とマンクヌガラ王家の三王家に分裂した。その後ジャワの政局は落ち着き、十八世紀後半の中部ジャワは人口もふえ、農業も発展をとげた。こうしたなかでマタラム側は、オランダのジャワ沿岸部における存在を正統なものとみなし、次節で述べるように、オランダ人をマタラム王室と血縁関係をもつ存在として位置づけていくのである。

「土着民」神話の構築

内陸農業空間が発展をとげていく過程で、港市と後背地との関係が強化される。そして港市はその力を背景に、しばしば代官を派遣したり現地で任命したりして、後背地にヒエラルキカルな秩序を持ち込もうとする。これにたいし後背地側は、その権威中枢を中心に自らを神意にかなった「土着民」として位置づけ、その存在を正統化する現象が生じてくる。

さきに述べた中部スマトラのミナンカバウの場合はその典型である。十六世

▼**ジャワ継承戦争**　長子相続に固執しないジャワでは、王位の継承にしばしば複数の候補者が登場した。マタラム王国における第一次（一七〇四～〇八年）、第二次（一七一七～二三年）、第三次（一七四六～五七年）の王位継承戦争を指す。オランダはそのいずれにも介入した。

ジョクジャカルタのスルタン王宮入り口

紀中葉から十七世紀前半にかけて隆盛したアチェは、中部スマトラの胡椒および金の輸出港のパリアマン、ティク、サリダ、インドラプラを厳重な監督下におき、三年交代で代官を派遣した。アチェの勢力が後退した十七世紀後半からは、西岸でパダンを拠点にオランダ東インド会社が独占交易を試みた。また東岸ではジョホールの隆盛により、カンパル、インドラギリ、ジャンビの港市を介して中部スマトラの産品が搬出された。

　こうしたなかで中部スマトラ内陸部と周辺沿岸部との人びとの交流が活性化した。ミナンカバウの青年男子にはムランタウ(出稼ぎ)▲の習慣があり、故郷を離れ、近接する西岸地域のみならずスマトラ東岸地域やさらにマレー半島に活動の場を求めた。財力またイスラームの宗教的知識を蓄え帰郷した彼らが、当該の地で受け入れられるためには、在住者の先住権と矛盾しないことが必要であった。

　さきに、アレクサンダー大王の息子でルム王および中国王と兄弟であったジョホール王が水界を統べた大蛇を制し、スマトラ島を海中から登場させ、その子孫がスマトラの代々の王となったという話を取り上げた。これはジョホー

▼ムランタウ　バタンハリ川、カンパル川、インドラギリ川、シアク川などの大きな河川がマラッカ海峡にそそぐミナンカバウでは、男性が故郷をでて商業活動や宗教活動にしばしば活躍。家系の継承や家督相続では女性を中心にして展開する母系制が形成された。

ムラピ山麓のパリアガン

▼バタック地区　北スマトラのトバ湖周辺から東西の海岸部にかけて居住したオーストロネシア系の一民族バタック人の地域。バタック人は方言上の差異から、カロ、ダイリ、シマルングン、トバ、アンコラ、マンダイリンの六グループに通常分類される。

ルに十八世紀後半に居住した人びとが語ったものであるが、この話は、マラッカ海峡域とスマトラとを往来した人びとによりミナンカバウの始祖神話として発展をとげた。十九世紀にミナンカバウの人びとのあいだで一般に語られていた伝承では、アレクサンダー大王の息子で中国王ならびにルム王と兄弟のマハラジャ・ディ・ラジャが、海中からあらわれたムラピ山のふもとに最初に到着し、スマトラ島の最初の王となったとされた。そしてその子孫は、ムラピ山のふもとの地からスマトラ島各地に居住するようになった。ジャンビ、パレンバン、アチェなどの海岸部に移り住む者があらわれ、その地の支配者となったと神話は語る。すなわちミナンカバウの人びとは、交易で富をもたらす中国人の王とイスラーム世界の代表ルム王と、兄弟のマハラジャ・ディ・ラジャ（パガルユン王）を始まりとするスマトラ島の土着先住民であるというのである。

　同様の神話形成は、ミナンカバウの北隣のトバ湖周辺のバタック地区▲の人びとのあいだにもみられた。さきにも述べたとおり、下バルス王家は後背地の森林生産物の産地に代官を任命した。またアチェは隆盛時に、東岸内陸部のカロやシマルングンに代官を任命し、交易活動の拡大をはかった。が同時にバルスやアチェの支配者も、トバ湖畔のバッカラに君臨した豊穣をつかさどる権威との関係を築こうとしたのであった。

十八世紀後半に北スマトラのこの地域の始祖伝説について、オランダ人ラーデルマッヘルはつぎのような聞き取りをしている。

この地方の住民が語るには、バタラ・グルは天界の主であり、全人類の父である。そして以下の場合において、部分的にはこの世の創造者でもある。この大地は最初からナガパドハという者〔大蛇〕の頭で支えられていたのであるが、重いので疲れて頭を振ったところ、大地は沈んでしまい、この世には水しかないようになった。

人びとはこうした大地と水がもともとどういうふうにつくられたのか知らないようであるが、彼らがいうには、水がこの世のすべてのものをおおったとき、至高神のバタラ・グルにはプティ・オルラ・ブランという名の娘があり、彼女はその下界におろしてくれるよう父に頼んだ。彼女は犬に引かれて白いフクロウに乗っておりたが、水のためそこにいつづけることができなかった。彼女の父は、バッカラという名の聳《そび》え立つ山をバタラ・グ

バッカラの高台より望むトバ湖畔

> ルの娘の居住地として天界からおろしてやり、それは今バタ地方にある。この山からしだいにそのほかの大地が広がっていった。〔中略〕プティ・オルラ・ブランはその後大地に居住し三人の息子と三人の娘をえた。彼らから全人類が誕生したのである。（"Beschrijving"）

　水ばかりの世界に、至高神バタラ・グルがバッカラという名の山を娘のためにおろし、バタ（バタック）地方のバッカラから人類が拡大していったとしている。すなわちバッカラは、バタラ・グルの娘が天孫降臨した場所であり、地上世界がここから始まるとされた。

　トバ湖周辺のバタックの人びとの始祖神話はこれ以外に、同じくトバ湖畔のプスック・ブヒット山にバタラ・グルの娘が降臨したという話も一般的によく語られていた。バッカラにせよプスック・ブヒットにせよ、いずれもトバ湖畔の稲作盆地をもっていた。そしてバタラ・グルの娘が天孫降臨したのち誕生した最初の人類たちから四代目の人びとのなかに、アチェへ移った者とバルスへ移った者があらわれ、それぞれの地の支配者となったと神話は語る。一方プスック・ブヒットにとどまった人物の子孫は、最初のバタック人となったという。ミナンカバウの場合と同様、バタック人も自らの農業空間がスマトラ島の始まりであり、周辺港市支配者たちはその地から移り住んだ子孫であると位置づけた。

港市にたいし内陸世界の正統性を主張した現象は、ジャワにおいてオランダ東インド会社と共存する政策をとったマタラム王朝の『ジャワ国縁起』にもみられる。イスラームを建国の礎の一つとしたマタラム王国は、ジャワ世界の成立をイスラームにのっとり人類の始まりから説明した。それによれば、そもそも人類の始まりはアダムであり、アダムの孫の一人アンワスがメッカに居をかまえてイスラームを信奉していくのにたいし、もう一人の孫のヌルチャハヤはサタンに導かれて異教の道にはいり、インド人やジャワ人の祖先となったという。インド世界のパーンダワー族の末裔の一人ジョヨボヨが東ジャワのクディリ▲に王都を移したときから、ジャワ世界が始まるとされた。そして東部ジャワを中心に諸王国が展開したのち、歴史の舞台は西ジャワのパジャジャラン王国に移る。パジャジャラン王国はパムカスの時代に彼の長男に王位を奪われてしまい、次男ススルは東に逃れてマジャパヒト王国を建国する。

▼クディリ　東部ジャワのブランタス川中流域の都市。歴史的には九二九年ころにシンドック王が中部ジャワよりこの地に都を移して以降十三世紀まで、クディリ王朝が隆盛。十一世紀前半のアイルランガ王の時代には、モルッカ諸島やマラッカ海峡との交易で繁栄した。

▼『スラト・サコンダル』　マタラム王家がオランダ人のジャワにおける存在を位置づけるために作成したもの。スペインが登場するのは、オランダのかつての宗主国スペインを意識。スクムルの弟はマタラムのスナパティに仕えたとされる。

▼ヤン・ピーテルスゾーン・クーン（一五八七〜一六二九）　東インド会社第四、六代総督。当時ジャワやモルッカ諸島でライバル関係にあったポルトガル、スペイン、イギリスの勢力追放を試み、成功。第四代総督時代の一六一九年にジャカルタをバタヴィアと改名。マタラム軍を退けたあと病死。

マジャパヒト王国は最終的にイスラーム勢力に滅ぼされるが、王室の子孫たちはムスリムとして活躍する。その子孫の一人であるパマナハンが、アダムの孫のアンワスの末裔の女性と結婚し、息子を設け、この息子がマタラム王国を建国するスナパティとなったという。

『ジャワ国縁起』は、このようにマタラム王室がヌルチャハヤに始まるインドとジャワの支配者の系譜と、アンワスに始まるイスラームの預言者たちの系譜とを統合したものとみなした。さらにバタヴィアのオランダ人の存在もそのなかに位置づけようとした。

十八世紀後半から十九世紀初めにかけてジョクジャカルタのスルタン王家が作成した『スラト・サコンダル』▲によれば、ジャカルタの地にオランダ東インド会社が拠点を確立しマタラム軍と対峙したときの総督は、パジャジャラン王室の末裔であるという。すなわち、マジャパヒトにジャワの中心が移ったのち、パジャジャラン王女のタヌラガがスペインからやってきたスクムルと結婚し、その息子ジャンクンがジャカルタの地の王となったとした。総督ヤン・ピーテルスゾーン・クーン▲(在任一六一九〜二三、二七〜二九)がその人であるとマタラム側はみなした。マタラム側はジャワの王権の正統性がマタラム王室にあるとしつつ、同時にバタヴィアの「オランダ人王」ともパジャジャラン王家を介して血縁関係にあるとしたのである。

いずれの内陸居住民も、彼らと重要な関係をもった周辺港市支配者は彼らの血縁関係者と位置づけた。そして彼らの内陸居住地が神意にかなった聖なる場所であり、彼らが由緒正しい「土着民」であり、周辺港市支配者は彼らの祖先が居住した聖地より沿岸部へ移った子孫であるとみなした。「内陸民族世界」と呼びうるものが形成されたのである。外来者からみれば、それは一つの特異な世界であり、彼らの考える「世界秩序」がおよびにくい地であった。しかし、その個別的な「地域世界」と「世界秩序」とは、港市を媒介として表裏の関係でかたちづくられていたのである。

④—近代における自然・国家・人類

港市・後背地関係の崩壊と「民族主義」の台頭

　東南アジアはタイを除きすべての地域が植民地支配を体験した。これらの植民地化は、いずれも東南アジア海域に参入した欧米勢力が、港市を拠点に内陸部に支配を拡大したものであった。このプロセスにおいて、植民地支配者たちは従来の港市・後背地関係を解体し、一元的支配をめざそうとした。

　十八世紀終わりまでマタラム王家と相互依存関係を形成してきたオランダは、十九世紀にはいると中部ジャワの宮廷政治に積極的に介入しはじめた。そのため王位の継承にオランダの影響力が以前にもまして働き、また宮廷高官と結びついたヨーロッパ人や中国人は農村経営に従来以上に介入した。ジョクジャカルタのスルタン王家の一族ディポヌゴロ▲は、オランダの政策に反感をいだく人びとに支えられ、一八二五年反オランダの戦闘を開始した。戦闘を始めるにさいしディポヌゴロは、マタラム王家の守護神ニャイ・ロロ・キドゥルより加護をえたと信じ、オランダに海岸部にもどるよう要求した。戦闘は五年間続いた

ディポヌゴロ　敬虔なムスリムの服装である。

▼ディポヌゴロ（一七八五頃～一八五五）　ジョクジャカルタのスルタン・ハムンク・ブウォノ三世の長男で四世の兄。四世が一八二二年に死ぬと、その子を五世として即位させて影響力を増大するオランダと対立し、一八二五年よりジャワ戦争（～一八三〇年）を展開した。その後流刑となる。

▼港市支配者の廃絶　港市支配者との抗争は、しばしば後背地をも巻き込んだため、長期化した。とくにアチェとの抗争（アチェ戦争。一八七三〜一九一二年）は内陸部でゲリラ戦となり、オランダの植民地政策を積極策に転換させる契機となった。

旧バタヴィア時代の市庁舎

が、しだいに戦局がディポヌゴロに不利となり、最後は和平交渉に臨もうとしたディポヌゴロがオランダにとらえられた。

　スマトラ島においてもオランダは十九世紀にはいると勢力の拡大をはかり、これと対立したパレンバンやジャンビ、さらにはアチェの港市支配者たちを廃絶▲した。またオランダの勢力下に服したスマトラ東岸のシアクやデリなどのマレー人港市支配者たちは、交易税の徴収権の大部分と外交権をオランダに委譲するかわりに、内政面の自治権が認められた。オランダは、それまで交易活動の統轄者であった港市支配者を、内政面の統治者と位置づけた。そして内陸部のミナンカバウやバタック地区にオランダは直接統治を導入し、地元の有力者を植民地首長にすえた。

　これにたいし、従来の港市・後背地関係の復活を唱えた抵抗が各地で生じた。しかしこれらの抵抗運動はすべてがオランダの武力の前に弾圧され、二十世紀初めには結果としてバタヴィアを中心とするオランダ領東インドが完成した。

　オランダ領東インド以外でも、マニラを拠点としてスペインのちにアメリカが、シンガポールおよびラングーンを拠点としてイギリスが、ハノイを中心と

スマトラ島におけるタバコのプランテーション

▼**勢力圏的発想**　東南アジアの前近代国家では、王都を中心に君臨した支配者は、人民支配を基礎としており、周辺他国と明確な国境線を形成していなかった。また人びとが複数の王や首長の影響下に服することもまれではなかった。

してフランスがそれぞれ植民地領域を画定した。植民地体制下において、かつて食糧生産を維持しつつ産品を港市に搬出した後背地は、輸出用第一次産品の生産地として位置づけられた。英領ビルマや仏領インドシナでは米のプランテーションが、フィリピンやジャワでは砂糖の、スマトラではタバコ、コーヒー、ゴムなどのプランテーションや石油の鉱山企業が、英領マラヤでは錫の鉱山企業やゴムのプランテーションが、それぞれ活動を展開した。

そこでは食糧は必要な場合、他地域より輸入された。もはやかつての港市・後背地なる用語は、社会的意味を失い、たんなる地理的関係を示す言葉にすぎなくなった。後背地の水や豊穣をつかさどる権威も存在意義を大幅に後退した。

新たな港市を拠点としてヨーロッパ人支配者は、自ら「文明の使徒」を唱え、植民地体制を構築しようとした。植民地支配はそれまでの点の支配から面の支配へ、すなわち勢力圏的発想▲にかわり、境界の画定された領域観念を持ち込んだ。植民地政庁は、十九世紀後半より顕著となる交通通信手段の発展を基盤に、官僚制と学校制度のネットワークを全国に張りめぐらし、首都を中心とする植民地領域づくりをめざした。

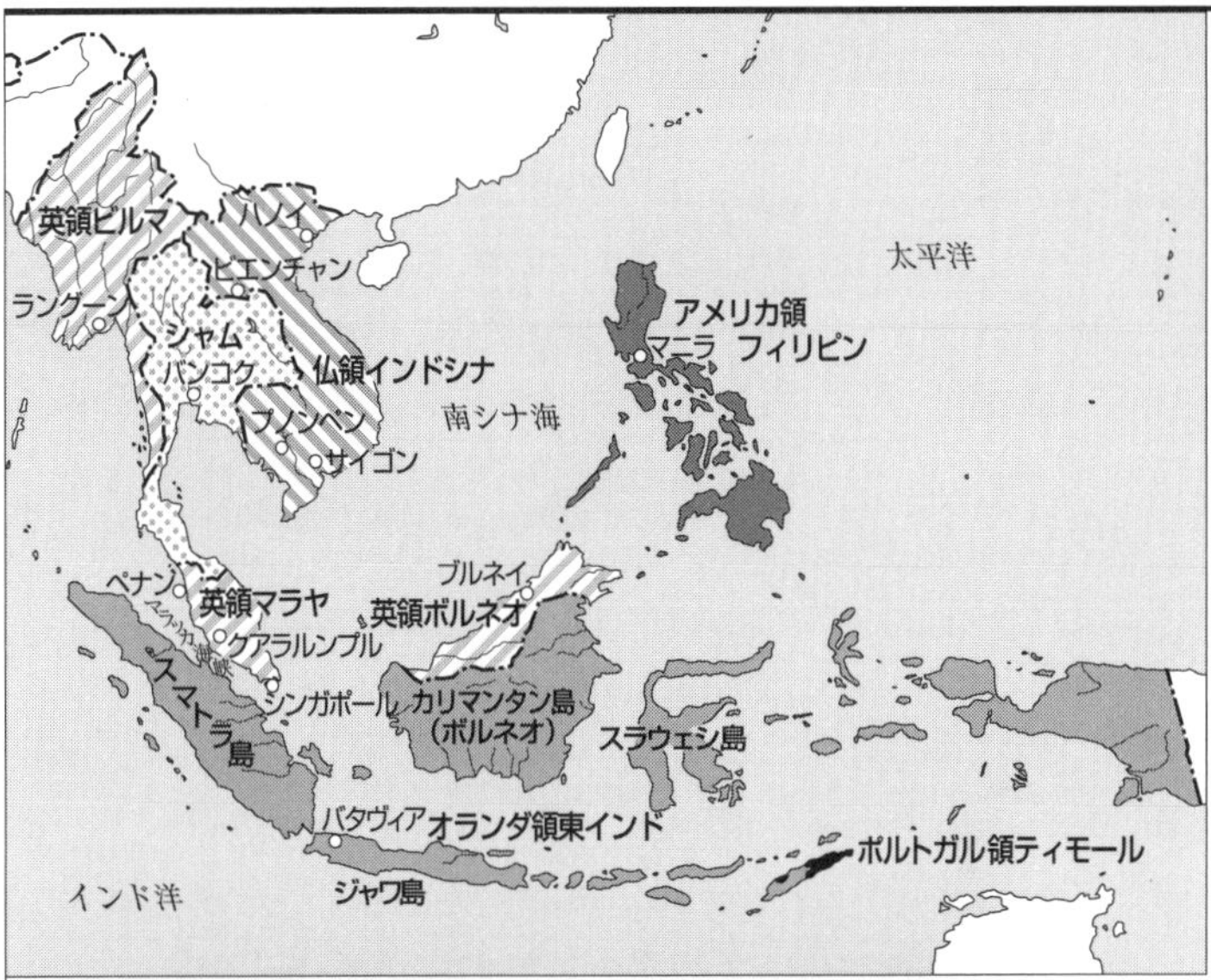

●——一九三〇年当時の東南アジア

●——タバコ・プランテーション（スマトラ、デリ）倉庫内で作業をする中国人労働者と監督者。

十九世紀後半のバタヴィアの鉄道馬車の乗客　ジャワ人、中国人、ヨーロッパ人、アラブ人など、多様。

▼欧亜混血者　ヨーロッパ人とアジア系住民との混血者の総称。ユーラシアンとも呼ばれる。ジャワでは一八五四年に約一万四〇〇〇人であったが、一九〇五年には九万五〇〇〇人となった。

植民地の主要港湾都市には、植民地官僚、農園企業家、港湾労働者、「原住民」官僚、学校教師などのさまざまな職種の人びとが居住していた。またその人びとも、ヨーロッパ人をはじめ中国系、インド系、アラブ系住民、混血者、地元出身者など多様であった。東南アジアの港市に多様な出身地の人びとが居住したことは、歴史的にみて植民地時代にかぎったことではなかった。だが、植民地政庁は、これらの人びとを人種的観点から分類し、しばしば法的に差異を設けた。

オランダ領東インドで住民は、ヨーロッパ人、外来東洋人(中国人、インド人、アラブ人など)、原住民に区分され、刑法、民法、商法などで、三者のあいだに差異が設けられた。例えば刑法にかんしては、原住民のほうがヨーロッパ人よりも刑罰が重かった。刑法では外来東洋人は原住民と同じ扱いであったが、商法、民法にかんしては、ヨーロッパ人法が適用された。また欧亜混血者▲は、法的にヨーロッパ人と同等の地位をもった者が多かったが、十九世紀後半になりヨーロッパ本国からの人員派遣がふえ、かつての職種への登用の機会が減った。

十九世紀のスペイン領フィリピンでも、当初住民は、スペイン人、スペイン系メスティーソ▲、中国系メスティーソ、原住民、中国人の五つのカテゴリーに区分され、十九世紀後半には、スペイン人、フィリピン人▲、中国人となった。スペイン人とフィリピン人との差異は、とりわけ社会的活動において重要な役割をはたしてきたカトリック教会の活動において、深刻な問題となりはじめた。一八二六年以降の数度の勅令によって、従来フィリピン人にも開かれていた教区主任司祭職▲に、スペイン本国出身の修道士しか任じられなくなったのである。

こうしたなかで、混血者や「外来東洋人」「原住民」のなかから、ヨーロッパ人支配者との法的地位の平等を求める運動が生じた。彼らは植民地支配者の言語と地元の人びとの言語とをつなぐ二重言語者であり、ヨーロッパの啓蒙思想や社会主義、民族主義を理解し、かつそれを地元の言葉におきかえることができた。彼らは運動を展開していくなかで、それぞれの植民地領域に居住する人びとを基盤として新たな「民族」の概念を構築していく。「インドネシア民▲族」「フィリピン民族」はその典型であった。

▼メスティーソ　スペイン語で「混血者」の意味。もともとスペイン系メスティーソのみにこの語が用いられたが、その後中国系混血者にもこの呼称が用いられるようになった。

▼フィリピン人　当初イベリア半島生まれのスペイン人にたいして現地生まれのスペイン人を意味したが、やがて原住民と混血者を含めた現地住民を指す語となった。

▼教区主任司祭　世俗権力とともにフィリピン植民地統治の一翼を担ったカトリック教会は、マニラ大司教の統轄のもとに、大司教直轄区と四司教区、さらにその下に実質的な行政単位であったプエブロ(町)に設けられた教区よりなった。その教区を統轄したのが、教区主任司祭。教区主任司祭は、教会活動をつかさどるとともに、町長の選出にかかわりプエブロ行政の各種委員もかね、政治的権力をも有した。

▼インドネシア　「東インドの島々」を意味した元来は学術用語。二十世紀初めオランダ領東インド出身の留学生が民族名として採用した。

▼カントゥ（一八〇四～九五）　ミラノ生まれの歴史家。一八三八～四七年に出版された『万国史』は、各国史の羅列ではなく、革命、文明、文学、科学、芸術などの人間の営みを人類史として総合的に記述。キリスト教会の活動を肯定する史観を展開した。

二重言語者による民族意識と国際秩序の構築

フィリピン人の司祭がスペイン人修道士によって主任司祭職から排除されていくことに抗議した、フィリピン人司祭のブルゴスは、一八六〇年代から七〇年にかけて修道会の人種差別を問題とした著作をスペイン語で発表した。そのなかで彼は、主任司祭職はもともと人種のいかんを問わず修道士ではない在俗司祭が担当すべき職務で、修道士は在俗司祭が不足しているときのみ、ローマ教皇の特別の許可をえてその職につくことができることとなっていたことを、教会法や各民事法典を引用して論証した。そして、その原則が認められていないのは、そこに人種差別があるからであるとした。ブルゴスは、イタリア人の歴史家カントゥ▲の『万国史』を引用し、人類は科学的にみて本質的に一つの種であり、フィリピン人が人種的に劣っているとする修道会やスペイン政庁の見解は誤りであると論じた。そしてスペイン政府がいつまでも在俗司祭に救いの手を差し延べないならば、将来なにが起こるか保証のかぎりでないと説いた。

ブルゴスの主張は、聖職者集団間の権益争いが、人種差別問題として自覚され、それがさらに民族意識へと成長していく過渡期の状態を示している。彼は、フィリピン人がスペイン人に劣らないことを、ヨーロッパの啓蒙思想家の著作を論拠に展開し、人類史の観点から論証しようとしたのである。

二十世紀になると、ナショナリズムが国際社会においてもしだいに支配的原理となろうとしていた。二重言語者たちは、民族意識を構築していくにあたり、彼らが考える世界秩序を提示した。一九二一年よりオランダに留学していたハッタ▲は、二六年オランダで活動する東インドからの留学生の政治団体インドネシア協会▲の会長に就任し、インドネシア独立のための民族主義運動を強力に推進しようとした。当時の就任演説の一節は、以下のような内容である。

> 産業化の最初の結果として、ヨーロッパの人口急増がある。半世紀もしない間にヨーロッパの人口は二倍以上になった。産業はますます発展し、農業は後退した。生活の必要を充たすため、ヨーロッパは他の大陸といっそう関わり合いを持つことになる。とくに熱帯とアジアだ。この跛行《はこう》的な状況を終結させるために、ヨーロッパでは十九世紀の後半の四半世紀以降、帝国主義の政策を遂行してきた。〔中略〕植民地国家〔植民地宗主国〕にとって生活上の三大要因、即ち食糧、工業用原料とその工業生産品販売のため

▼ハッタ（一九〇二～八〇）　スマトラ島ミナンカバウの出身。一九二一年よりロッテルダム商科大学に留学。インドネシア協会の指導者。一九三二年帰国し、民族主義運動を展開するが、オランダの弾圧に遭う。独立後インドネシア共和国の初代副大統領に就任した。

▼インドネシア協会　民族主義指導者を輩出したインドネシア人オランダ留学生の団体。一九〇八年親オランダ的な親睦団体「東インド協会」をハッタらが自らの力で独立をめざすインドネシア協会に二三年改組し、二五年にはインドネシア語名に改称。

インドネシア協会の創設者たち
向かって左から二人目がハッタ。

の市場が植民地に依存していることは事実が示しており、植民地を解放する気持ちはない。

こうして植民地との関係は対立の法則に支配される。この対立は植民する側と植民される側、二つの民族の生活上の必要なので、更に鋭いものになる。このような状況下で植民地が奴隷制度から解放される方法はただ一つ、強引に自ら独立する道をとることだ。独立を真に願う者は、この道を通らねばならない。(『ハッタ回想録』)

現状が帝国主義段階の真っただ中にあると分析するハッタには、もはや植民地支配者は、「文明の使徒」ではなく、抑圧者でしかない。そのため、植民する側と植民される側は、対立の法則に支配され、支配者は「植民地を解放する気持ちはない」と結論している。

ハッタはさらに、「ヨーロッパ帝国主義は人類の利益のために終結させなければならないし、植民されている各民族は、植民化から自らを解放する義務がある。したがって、インドネシアは人道主義と文明化の原則により、独立を達成しなければならない」(『ハッタ回想録』)と、演説の結びの部分で述べている。

現代のバリ人画家の描いたバリ

ハッタは、より正確にいえば、一九二〇年代後半のインドネシア民族主義者は、植民地支配から独立を達成することが、「人類の利益のため」になることであり、「人道主義」と「文明」にのっとった行為であるとみなした。民族主義にもとづく国家建設が、国際社会の道理にかなったものとされたのである。

ナショナリストと「自然」――「民族」の永遠化

内陸部でも必要となれば食糧すらも他地域より輸入することが可能になった近代は、自然の意義を一見後退させたかのように思わせる。しかし、人間は決して自然と無関係に生存できるわけではない。むしろ人びとは、自然を従来とは異なる見方で見つめはじめた。

国際的な正当性を獲得したナショナリストは、同時にその民族意識を彼らの考える「自然」と関連づけることで、それを永遠化しようとした。「竹姫」や海中の王国が失せ、豊穣をつかさどる神聖王もニャイ・ロロ・キドゥルも意味をなくした「自然」は、人びとにとり畏怖すべき、直接的な信仰対象ではなくなった。しかし、そうした神聖さがなくなることで、人びとは「自然」をおだやかにながめることが可能となった。

近代は、変化の速度が早くなり、また従来体験しなかった事態を引きおこし、人びとをしばしば不安におとしいれた。「民族」解放を唱え、植民地権力と対峙せざるをえないナショナリストも、その一人であった。そうした彼らにとって、ヒトを生んだ「自然」は、農園企業や鉄道に森を切り開かれながらも人びとに恵みを与えつづけ、悠久の昔から人びとを見守る「母なる存在」となった。

インドネシア民族主義運動がしだいにオランダ領東インド全域で展開しはじめた一九二〇年代後半の二八年十月、バタヴィアで開かれた第二回インドネシア青年会議▲の席上、「ひとつの祖国、インドネシア」「ひとつの民族、インドネシア民族」「ひとつの言語、インドネシア語」という三項目からなる「青年の誓い」が採択された。この「青年の誓い」の起草者の一人ムハンマド・ヤミン▲は、会議の前日完成させた詩『インドネシア、わが祖国』の冒頭で、以下のように歌っている。

（一）美しき地の浜辺に坐る。波の砕け散るところ。砂に散る白き波しぶき。青き海原に島の見ゆ。すばらしき山並み。気高き水に囲まれてあり。わが

▼**インドネシア青年会議**　言語学的には二五〇前後にも分類できる多民族をかかえたインドネシアで、各地の青年会が一九二六年に第一回インドネシア青年会議を組織した。インドネシア民族意識が青年のあいだでも拡大し、人びとの共通語としてインドネシア語が発展した。

▼**ムハンマド・ヤミン**（一九〇三〜六二）　スマトラのミナンカバウ出身の政治家。青年時代から民族主義運動に参加。第二回インドネシア青年会議では、スマトラ青年同盟の代表として活躍した。独立後、法相、教育文化相を歴任。

▼デル・ピラール（一八五〇〜九六）　マニラ北隣のブラカン州の出身。一八八八年よりスペインにて植民地化されたフィリピン社会の改革を要求するプロパガンダ運動（啓蒙宣伝活動）を展開した。スペイン政府よりなんの具体的成果もえられず、客死。

ルソン島の農村（十九世紀前半）

生地、その名はインドネシア。
（二）風にそよぐ椰子を見よ。微かに聞こゆる葉ずれの音。波の砕ける浜辺にそだち。穏やかなる陸地をかこみ。寄せる波のうたを聴け。父と母の大地をめぐりて。その名はインドネシア、わが祖国。（土屋健治『カルティニの風景』）

美しい緑と水と光にあふれた自然が、「祖国の風景」として歌い込まれたのである。それにより祖国は、父母代々から存在するものと了解された。

また十九世紀終わりに、言語活動をとおしてスペイン支配下のフィリピン社会の改革を要求したデル・ピラール▲は、一八八九年当時の植民地宗主国スペインから義弟に宛てた手紙のなかで、スペインと「揺籃の地」フィリピンの自然の対比を以下のように語っている。

ここ〔スペイン〕は歓喜の土地だといわれていますが、それは人工的な感性のなかにだけあることだと思います。ここではすべてがひよわで貧弱です。太陽には熱気がありませんし、空には星がありません。月には輝きがなく、畑は痩せています。花々には香りがなく、雨が降る時もアトムの滴になっ

スペイン人進出当時のタガログ人
（ルソン島低地部居住）**の風俗**

て落ちてきます。すべてが著しい対照をなしているので、わたしたちの揺籃の地にたゆたう、力強い自然の壮麗なる表出に思いをいたさないではいられません。そこでは、あの青い空は星々で飾られ、この季節には月が輝きわたり、熱帯の太陽は燃えるような光をふり注ぎ、田園は青々と繁茂し、花々は芳しい香りを撒きちらしています。そしてなかんずく、わたしたち東洋人の生活習慣がもつ優しさと誠実さと懇ろな心配り。それはわたしの脳裏に美しい感動にみちた追憶を惹き起こします。そして、神の与え賜うたこの幸せが、神の司祭となった人々の不信仰によって曇らされていることに思いをいたし、涙せずにはいられません。（池端雪浦『フィリピン革命とカトリシズム』）

スペインにたいする幻滅とフィリピン讃歌とが、背中合わせになっている。スペインの貧弱な自然にたいし、フィリピンの自然環境の豊かさが語られ、そこで暮す人びとの精神文化も讃えている。この環境が、デル・ピラールには「神の与え賜うた」ものであり、本来的なものと了解された。しかしそれが、スペイン人司祭をはじめとする植民地支配者によって、「曇らされている」と指摘するのである。

こうして自然と結びつくことで永遠性を獲得した祖国は、その存在を否定する植民地支配にたいする民族主義者の闘争を正当化させる。「青年の誓い」が採択された一九二八年、のちにインドネシア初代大統領となるスカルノ▲は、前年に創設したインドネシア国民同盟をインドネシア国民党▲に名称を改めた。その国民党の綱領の最初の部分は、つぎのような内容のものであった。

> 三世紀にわたるオランダの支配と搾取により、経済・文化・生活のあらゆる面が立ち遅れ、現行法規はインドネシア人の抑圧を目ざしている。この社会を変え、人民の福祉の向上と文化を発展させる方向に進もうとすれば、インドネシアには、人民が選出した人民自身の政府が必要になる。人民の政府をつくるには、まず人民を解放しなければならない。従って、党の第一目標は、インドネシアの解放と独立である。（増田与『インドネシア現代史』）

さきにあげた『スラト・サコンダル』のなかで、十九世紀初めのジョクジャカルタのスルタン王家は、オランダ人総督を彼らと血縁関係にあるとみなした

▼スカルノ（一九〇一～七〇）　スラバヤ出身。バンドゥン工科大学卒業後インドネシア国民党を結成。非凡な演説の才を示し、インドネシア独立と植民地政府への非協力を唱えた。その後投獄と流刑が続いたが、日本軍政期に政界に復帰。独立後初代大統領に就任した。

▼インドネシア国民党　スカルノを党首として結成されたこの党は、インドネシアの独立を掲げ、そのための統一と団結を訴えた。指導者には、オランダからの帰国留学生や高等教育機関の卒業生などのエリートが多かった。オランダの弾圧を受け一九三一年に解散。

国民党時代のスカルノ

バタヴィアにおけるインドネシア国民党の集会（一九二九年）

ことを述べた。しかし、ナショナリストたちにとっての「インドネシア」は、はるか過去から存在するものであり、これから独立を必然的に達成するはずのものであった。ここにおいてオランダは、「三世紀」にもわたりインドネシア人を「搾取」・「抑圧」してきた存在と位置づけられたのである。

東南アジアの歴史を振り返ってみると、港市支配者は、国際社会と地元社会とを媒介する役割をはたしていた。そうした活動にさいし、港市支配者がヒエラルキカルな秩序を地元社会に持ち込むことも決してめずらしいことではなかった。そして本書でみたように、地元の側はそれにたいし先住性や土着性を唱えて、港市支配者の影響力の増大に対応した。ヨーロッパの植民地支配がそれまでの港市国家の支配と大きく異なった点は、域内により強くヒエラルキカルな秩序を持ち込んだことと、ほとんどの植民地支配者が、その地の人びとの先住性や土着性の主張を内包する「民族主義」と共存できなかったことであろう。欧米本国より派遣された植民地支配者には、民族主義を容認することが、植民地体制の根幹をゆるがしかねないと判断されたからである。

このためオランダ人やイギリス人、フランス人、スペイン人またアメリカ人は、ナショナリストたちによって被支配民族を抑圧する「外来者」となり、支配の地を去るべき者として位置づけられた。そして民族主義を基盤に成立した国民国家において、植民地時代の主要港市は新生国家の首都となり、現在も外なる国際社会と内なる国民とを媒介する役割を担いつづけているのである。

「神話」のゆくえ

前近代の建国神話と近代の国民国家を生んだナショナリズムを比較すると、その語り手や媒体をめぐって大きな違いが存在する。前近代の建国神話は、王家の周辺で語り伝えられた伝承であった。それらのなかには本書でも紹介したように、写本となって残された王統記も存在した。しかし、文字を読み書きできることは、前近代の東南アジア社会においてかならずしも最重要なことではなかった。むしろ建国神話は、宮廷の詩人や語り部たちの人的ネットワークを介して、人びとのあいだに広まっていった。

一方、近代の民族意識の形成に重要な役割をはたしたのは、植民地宗主国の言語と地元の言語を橋渡しできた二重言語者であった。彼らは、雑誌や新聞さらには小説での執筆活動をとおして読者に語りかけ、植民地支配への対抗原理を構築した。都市を中心に市場を広げつつあった活字出版業の発達が、民族意識の形成と発展に大きく寄与したのである。

ただそうした媒体の違いがあるにせよ、個別的な地域秩序と普遍性を掲げた世界秩序はそれぞれ別個に形成されるのではなく、しばしば同じ存在をとおして構築された。前近代の港市支配者そして近代植民地体制下の二重言語者は、双方の秩序形成に重要な役割をはたした。

近現代の神々が後退した状況下では、厳密な意味で神話は存在しない。また前近代の建国神話においてしばしば登場した、自然と人との境界の曖昧な存在が、近代になると、消滅したかのようにみえる。ただし、超自然的存在は後退しても、建国神話の核となった自然と人類との関係構築は依然として重要なテーマであった。国民国家は、国際社会と自然とに媒介されて、正統性を獲得したのである。

「竹姫」やニャイ・ロロ・キドゥル、豊穣をつかさどる神聖王は、もういなくなってしまったのだろうか。人類は、科学やテクノロジーの発展により、自然をかなりの程度制することができた気になっている。しかし、自然が人びとにいつも恵みを与えるとはかぎらない。そして人間は、自然との距離がへだたった分、新たに不安をかかえている。

自然は、壮大で、奥深い。人類が地球外をも対象とせざるをえない今日、広大な自然のなかにあって人間は、多様な営みを続けている。そこで私たちが新たな社会づくりに着手するとき、従来の自然と人間との区分や国家間の垣根をこえた新しい神話が求められよう。二十一世紀の「竹姫」や神聖王が、また私たちの前に姿をあらわすかもしれないのである。

参考文献

青山亨「叙事詩、年代記、予言――古典ジャワ文学にみられる伝統的歴史観」『東南アジア研究』三二―一 一九九四年

ベネディクト・アンダーソン（白石さや・白石隆訳）『増補 想像の共同体――ナショナリズムの起源と流行』NTT出版 一九九七年

生田滋「東南アジアの建国神話」『日本神話の比較研究』法政大学出版局 一九七四年

池端雪浦『フィリピン革命とカトリシズム』勁草書房 一九八七年

池端雪浦編『東南アジア史Ⅱ 島嶼部』（世界各国史6）山川出版社 一九九九年

石井米雄『タイ近世史研究序説』岩波書店 一九九九年

石井米雄・桜井由躬雄編『東南アジア史Ⅰ 大陸部』（世界各国史5）山川出版社 一九九九年

応地利明『絵地図の世界像』岩波書店 一九九六年

大林太良『シンガ・マンガラジャの構造』青土社 一九八五年

大林太良『神話学入門』中央公論社 一九六六年

小川博編『中国人の南方見聞録――瀛涯勝覧』吉川弘文館 一九九八年

鈴木恒之「東南アジアの港市国家」『東アジア・東南アジア伝統社会の形成』（岩波講座世界歴史13）岩波書店 一九九八年

ショワジ・タシャール『シャム旅行記』岩波書店 一九九一年

土屋健治『カルティニの風景』めこん 一九九一年

永積昭『インドネシア民族意識の形成』東京大学出版会　一九八〇年
永積昭『オランダ東インド会社』講談社　二〇〇〇年
野村亨訳注『パサイ王国物語——最古のマレー歴史文学』平凡社　二〇〇一年
モハマッド・ハッタ（大谷正彦訳）『ハッタ回想録』めこん　一九九三年
イブン・バットゥータ（前嶋信次訳）『三大陸周遊記』河出書房新社　一九七七年
トメ・ピレス（生田滋・池上岑夫・加藤栄一・長岡新治郎訳・注）『東方諸国記』岩波書店　一九六六年
弘末雅士「東南アジアの港市国家と後背地」『市場の地域史』（地域の世界史9）山川出版社　一九九九年
弘末雅士『東南アジアの港市世界——地域社会の形成と世界秩序』岩波書店　二〇〇四年
ファン・フリート「シアム王統記」（フーンス、フリート、コイエット、生田滋訳・注『オランダ東インド会社と東南アジア』岩波書店　一九八八年）
増田与『インドネシア現代史』中央公論社　一九七一年
松村一男『神話学講義』角川書店　一九九九年
桃木至朗『歴史世界としての東南アジア』（世界史リブレット12）山川出版社　一九九六年
C. C. Brown, trans., *Sejarah Melayu or 'Malay Annals'*, Kuala Lumpur, London, New York and Melbourne, 1970.（『ムラユ王統記』）
Hoesein Djajadiningrat, *Critische beschouwing van de sadjarah Bantĕn: Bijdrage ter kenschetsing van de Javaansche geschiedschrijving*, Haarlem, 1913.（『バンテン王統記』を史料として用いた研究書）

R. Jones, ed., *Hikayat Raja Pasai*, Petaling Jaya, 1987.（『パサイ王国物語』）

Teuku Iskandar ed., *De Hikajat Atjéh*, 1958, The Hague.（『アチェ王統記』）

T. Kato, *Matriliny and Migration: Evolving Minangkabau Traditions in Indonesia*, Ithaca and London, 1982.

W. Marsden, *The History of Sumatra*, reprint, Kuala Lumpur, New York, London and Melbourne, 1966.

W. L. Olthof, trans., *Babad Tanah Djawi in proza Javaansche geschiedenis*, The Hague, 1941.（『ジャワ国縁起』）

J. C. M. Radermacher, “Beschrijving van het eiland Sumatra, in zoo verr hetzelve tot nog toe bekend is”, *Verhandelingen van het Bataviaasch Genootschap van Kunsten en Wetenschappen*, vol.3, 1824.

Anthony Reid, *Southeast Asia in the Age of Commerce 1450–1680*, 2vols, New Haven and London, 1988 and 1993.

M. C. Ricklefs, *Jogjakarta under Sultan Mangkubumi 1749–1792: A History of the Division of Java*, London, New York, Toronto and Kuala Lumpur, 1974.

図版出典一覧

S. Abeyasekere, *Jakarta: A History*, Oxford University Press, 1987. 74
H. Aveling, ed., *The Development of Indonesian Society*, St. Martin's Press, New York, 1980. 70
J. Th. P. Blumberger, *De nationalistische beweging in Nederlandsch-Indië*, Foris Publications, Dordrecht, 1987. 78, 84
De archieven van de Verenigde Oostindische Compagnie (1602–1795), The Hague, 1992. 8右中
Deli-Batavia Maatschappij 1875–1925, Amsterdam, 1925. 72, 73
T. R. Fell, *Early Maps of South-East Asia*, Oxford University Press, 1991. 36
A. T. Gallop, ed., *Early Views of Indonesia: Drawings from the British Library*, University of Hawaii Press, Honolulu, 1995. 60
L. Giebels, *Soekarno: Nederlandsch onderdaan, Een biographie 1901–1950*, Uitgeverij Bert Bakker, Amsterdam, 1999. 83
J. W. Ijzerman, *De reis om de wereld door Olivier van Noort 1598–1601*, vol.1, The Hague, 1926. 8左下
G. Knaap, *Cephas, Yogyakarta: Photography in the Service of the Sultan*, KITLV Press, Leiden, 1999. 59
W. Marsden, *The History of Sumatra*, London, 1783. 8右上
J. H. McGlynn, ed., *Indonesian Heritage: Language and Literature*, Archipelago Press, Singapore, 1998. 11
E. Oey, ed., *Bali*, Periplus Editions, Singapore, 1994. 79
L. P. van Putten, *Ambitie en onvermogen: Gouverneurs-generaal van Nederlands-Indië 1610–1796*, Uitgeverij ILCO-productions, Rotterdam, 2002. 68
A. Reid, *Southeast Asia in the Age of Commerce 1450–1680, vol.2: Expansion and Crisis*, Yale University Press, New Haven, London, 1993. 32, 41, 43, 47
G. P. Rouffaer and J. W. Ijzerman, eds., *De eerste schipvaart der Nederlanders naar Oost-Indië onder Cornelis de Houtman 1595–1597*, vol.1, The Hague, 1915. 40
W. H. Scott, *Barangay: Sixteenth-Century Philippine Culture and Society*, Ateneo de Manila University Press, Manila, 1994. 82
T. Suárez, *Early Mapping of Southeast Asia*, Periplus Editions, Singapore, 1999. カバー裏, 2, 4, 49, 81
Surat Emas, Golden Letters: Writing Traditions of Indonesia, The British Library, London, 1991. 11
著者撮影 3, 6, 8左上, 8左下, 12, 15, 16, 18, 19, 20, 21, 24右, 24左, 31, 34, 37, 38, 39, 40, 44, 45, 51, 52, 53, 55, 56, 59, 62, 64, 66, 71
著者提供 27, 29　コービス・ジャパン　カバー表　世界文化フォト　扉

世界史リブレット72

東南《とうなん》アジアの建国神話《けんこくしんわ》

2003年4月20日　1版1刷発行
2021年11月30日　1版5刷発行

著者：弘末雅士《ひろすえまさし》

発行者：野澤武史

装幀者：菊地信義

発行所：株式会社 山川出版社

〒101-0047　東京都千代田区内神田1-13-13
電話　03-3293-8131(営業)　8134(編集)
https://www.yamakawa.co.jp/
振替　00120-9-43993

印刷所：明和印刷株式会社

製本所：株式会社 ブロケード

ISBN978-4-634-34720-5

世界史リブレット　第Ⅰ期［全56巻］
〈すべて既刊〉

1 都市国家の誕生
2 ポリス社会に生きる
3 古代ローマの市民社会
4 マニ教とゾロアスター教
5 ヒンドゥー教とインド社会
6 秦漢帝国へのアプローチ
7 東アジア文化圏の形成
8 中国の都市空間を読む
9 科挙と官僚制
10 西域文書からみた中国史
11 内陸アジア史の展開
12 歴史世界としての東南アジア
13 東アジアの「近世」
14 アフリカ史の意味
15 イスラームのとらえ方
16 イスラームの都市世界
17 イスラームの生活と技術
18 浴場から見たイスラーム文化
19 オスマン帝国の時代
20 中世の異端者たち
21 修道院にみるヨーロッパの心
22 東欧世界の成立
23 中世ヨーロッパの都市世界
24 中世ヨーロッパの農村世界
25 海の道と東西の出会い
26 ラテンアメリカの歴史
27 宗教改革とその時代
28 ルネサンス文化と科学
29 主権国家体制の成立
30 ハプスブルク帝国
31 宮廷文化と民衆文化
32 大陸国家アメリカの展開
33 フランス革命の社会史
34 ジェントルマンと科学
35 国民国家とナショナリズム
36 植物と市民の文化
37 イスラーム世界の危機と改革
38 イギリス支配とインド社会
39 東南アジアの中国人社会
40 帝国主義と世界の一体化
41 変容する近代東アジアの国際秩序
42 アジアのナショナリズム
43 朝鮮の近代
44 日本のアジア侵略
45 バルカンの民族主義
46 世紀末とベル・エポックの文化
47 二つの世界大戦
48 大衆消費社会の登場
49 ナチズムの時代
50 歴史としての核時代
51 現代中国政治を読む
52 中東和平への道
53 世界史のなかのマイノリティ
54 国際体制の展開
55 国際経済体制の再建から多極化へ
56 南北・南南問題

世界史リブレット　第Ⅱ期［全36巻］
〈すべて既刊〉

57 歴史意識の芽生えと歴史記述の始まり
58 ヨーロッパとイスラーム世界
59 スペインのユダヤ人
60 サハラが結ぶ南北交流
61 中国史のなかの諸民族
62 オアシス国家とキャラヴァン交易
63 中国の海商と海賊
64 ヨーロッパからみた太平洋
65 太平天国にみる異文化受容
66 日本人のアジア認識
67 朝鮮からみた華夷思想
68 東アジアの儒教と礼
69 現代イスラーム思想の源流
70 中央アジアのイスラーム
71 インドのヒンドゥーとムスリム
72 東南アジアの建国神話
73 地中海世界の都市と住居
74 啓蒙都市ウィーン
75 ドイツの労働者住宅
76 イスラームの美術工芸
77 バロック美術の成立
78 ファシズムと文化
79 オスマン帝国の近代と海軍
80 ヨーロッパの傭兵
81 近代技術と社会
82 近代医学の光と影
83 東ユーラシアの生態環境史
84 東南アジアの農村社会
85 イスラーム農書の世界
86 インド社会とカースト
87 中国史のなかの家族
88 啓蒙の世紀と文明観
89 女と男と子どもの近代
90 タバコが語る世界史
91 アメリカ史のなかの人種
92 歴史のなかのソ連